中国人民大学
习近平新时代中国特色社会主义思想研究院
The Academy of Xi Jinping Thought on Socialism with Chinese Characteristics for a New Era,
Renmin University of China

高校主题出版
GAOXIAO ZHUTI CHUBAN

中国式现代化的鲜明特色研究系列
总主编　张东刚　林尚立

全体人民共同富裕的
中国式现代化

鲁全　著

中国人民大学出版社
·北京·

总　序

概括提出并深入阐述中国式现代化理论，是党的二十大的一个重大理论创新，是科学社会主义的最新重大成果，也是对世界现代化理论和实践的重大创新。党的二十大报告明确概括了中国式现代化五大方面的中国特色，深刻揭示了中国式现代化的科学内涵，是中国式现代化理论的基础组成部分。这既是理论概括，也是实践要求，为全面建成社会主义现代化强国、实现中华民族伟大复兴指明了一条康庄大道。

选择什么样的现代化道路、怎样选择现代化道路，是世界各国人民在谋求现代化时必须首先回答的基本问题。对这个基本问题的回答，首先要把握好现代化的基本方向。能否选择正确的方向，对一个国家的现代化事业的发展成效乃至成败，起着决定性作用。只有方向搞对了，目标任务、政策举措才能对头，发展行动才能对路。以人口规模巨大、全体人民共同富裕、物质文明和精神文明相协调、人与自然和谐共生、走和平发展道路为突出特色的中国式现代化，是中国人民在探索现代世界发展进程中形成的对这一基本问题的根本回答。这个铿锵有力的回答是中国共产党在深刻总结国内外现代化发展的经验教训、深入分析国内外现代化发展大势的基础上提出来的，集中反映了我国社会主义现代化的发展思路、发展方向、发展着力点，蕴含着博大精深的道理学理哲理。

具有五大方面特色的中国式现代化，根源于中国共产党的百年奋斗历程，根源于中国共产党领导的独特作用。中国人民之所以能够扭转近代以来的历史命运，探索出中国式现代化道路，最根本上是因为有党的领导。中国共产党领导的社会主义现代化，是对中国式现代化的定性，是管总、管根本的，决定着每个特色的性质和内涵。中国共产党在新民主主义革命时期为实现现代化创造了根本社会条件，在新中国成立后为现代化建设奠定了根本政治前提并提供了宝贵经验、理论准备、物质基础，在改革开放和社会主义现代化建设新时期为中国式现代化提供了充满新的活力的体制保证和快速发展的物质条件。党的十八大以来，我们党在已有基础上继续前进，不断实现理论和实践上的创新突破，成功推进和拓展了中国式现代化，为中国式现代化提供了更为完善的制度保证、更为坚实的物质基础、更为主动的精神力量。中国式现代化的内涵，随着历史的演进，不断地发展、不断地丰富。正是在不断总结历史经验的过程中，中国式现代化五大方面的特色逐步上升为规律性认识、凝练成时代内涵，蕴含着深刻的历史逻辑、理论逻辑和实践逻辑。

中国式现代化在遵循现代化一般规律和兼具各国现代化

共同特征的基础上,以一个个鲜明的中国特色,击破了"现代化＝西方化"的迷思,实现了对西方式现代化理论和实践的超越。这五大方面的中国特色,在根本上展现了我们在两极分化还是共同富裕的现代化,物质至上还是物质精神协调发展的现代化,竭泽而渔还是人与自然和谐共生的现代化,零和博弈还是合作共赢的现代化,照抄照搬别国模式还是立足自身国情自主发展的现代化方面的科学选择;在系统上解答了一个国家怎样根据其历史传统、社会制度、发展条件、外部环境等诸多因素选择现代化道路这一重大问题。这五大方面的中国特色,立足经济持续健康发展、制度完善和体制机制变革、文明传承、工业化、全球化等重要方面,精准阐明了世界现代化一般规律和社会主义现代化普遍规律的丰富内容,深刻认识了社会主义现代化国家建设的一系列重大理论和实践问题;不仅回答了如何解决中国现代化的问题,还回答了如何解决世界现代化的实践难题。

人口规模巨大,这是中国式现代化的显著特征。人口规模不同,现代化的任务就不同,其艰巨性、复杂性就不同,发展途径和推进方式也必然具有自己的特点。现在,全球进入现代化的国家也就20多个,总人口10亿左右。中国14亿多人口整体迈入现代化,规模超过现有发达国家人口的总和,将极大地改变现代化的世界版图。这是人类历史上规模最大的现代化,也是难度最大的现代化,将用实践进一步证明如何统筹解决超大规模人口的吃饭、就业、分配、教育、医疗、住房、养老、托幼等一系列现代社会的问题。

全体人民共同富裕，这是中国式现代化的本质特征，也是区别于西方现代化的显著标志。西方现代化的最大弊端，就是以资本为中心而不是以人民为中心，追求资本利益最大化而不是服务绝大多数人的利益，导致贫富差距大、两极分化严重。一些发展中国家在现代化过程中掉进"中等收入陷阱"，一个重要原因就是没有解决好两极分化等问题。中国式现代化促进全体人民共同富裕的一整套思想理念、制度安排、政策举措，使我国亿万农村人口整体摆脱贫困，创造了减贫治理的中国样本。实现共同富裕是一个长期任务，不断取得的新进展将为如何解决贫富分化、"中等收入陷阱"等世界现代化难题提供中国方案。

物质文明和精神文明相协调，即既要物质富足也要精神富有，这是中国式现代化的崇高追求。在西方现代化过程中，一边是财富的积累，一边是信仰缺失、物欲横流。今天，西方国家日渐陷入困境，一个重要原因就是无法遏制资本贪婪的本性，无法解决物质主义膨胀、精神贫乏等痼疾。坚持协同促进物的全面丰富和人的全面发展的中国式现代化，不仅致力于实现物质财富极大丰富、精神财富极大丰富、思想文化自信自强的社会主义现代化，也为如何解决物质现代化和精神现代化不协调的世界性问题贡献了中国智慧。

人与自然和谐共生，即尊重自然、顺应自然、保护自然，促进人与自然和谐共生，这是中国式现代化的鲜明特点。近代以来，西方国家的现代化大都经历了对自然资源肆意掠夺、对生态环境恶性破坏的阶段，在创造巨大物质财富的同时，往往造成环境污染、资源枯竭等严重问题。生态兴则文明兴、人与自然和谐共生、绿水青山就是金山银山、良好生态环境是最普惠的民生福祉、山水林田湖草沙是生命共同体、共谋全球生态文明建设等新理念新思想新战略，为解决世界现代化进程中如何既要经济发展也要环境保护的难题指明了科学道路。

走和平发展道路，即坚持和平发展，既在坚定维护世界和平与发展中谋求自身发展，又以自身发展更好维护世界和平与发展，推动构建人类命运共同体，这是中国式现代化的突出特征。西方国家的现代化，充满战争、殖民、掠夺等血腥罪恶，给广大发展中国家带来深重苦难。中华民族经历了西方列强侵略、凌辱的悲惨历史，深知和平的宝贵，决不重走西方国家实现现代化的老路。中国式现代化坚持独立自主、自力更生，依靠全体人民的辛勤劳动和创新创造发展壮大自己，通过激发内生动力与和平利用外部资源相结合的方式来实现国家发展，不以任何形式压迫其他民族、掠夺他国资源财富，而是为广大发展中国家提供力所能及的支持和帮助，着力破解人类现代化零和博弈的历史困局。

推进中国式现代化是一项长期任务，还有许多未知领域有待探索。要把中国式现代化五大方面的中国特色变为成功实践，把鲜明特色变成独特优势，需要付出艰苦的努力，需要矢志不渝地开展长期的实践探索、理论探索，需要完整把握、准确理解、全面认识中国式现代化的中国特色。只有既能够从总体上回答现代化的基本问题、明晰现代化的历史进程和发展趋势、阐明中国式现代化的世界观和方法论，又能够从细节上厘清关于现代化内涵的各种看法、讲清楚中国式现代化与西方现代化相比所具有的特色和优势、深挖中国式现代化五大特色蕴含的道理学理哲理，才能够学懂弄通做实中国式现代化理论体系的基本原理，为不断拓展中国式现代化的广度和深度提供坚实的理论支撑。

为深入贯彻党的二十大精神，深入贯彻习近平总书记考察调研中国人民大学时重要讲话精神和习近平总书记关于中国式现代化的重要论述，中国人民大学在谋划出版"中国式现代化研究丛书"的基础上，认真组织青年学者撰写了本套丛书。丛书以中国式现代化的五大特色为主题，以学懂弄通中国式现代化五大特色的历史逻辑、理论逻辑、实践逻辑为主线，以延展逻辑进路、拓展理论深度、形成自主知识体系为目标，让中国式现代化五大特色的问题导向、理论智慧、实践效能在相互独立而又内在联系的各卷书中系统地呈现，回应人民在现代化理论和实践上的多方面诉求和需要。希望丛书能够带动更多的青年学者关注中国式现代化、研究中国式现代化、用脚步丈量中国式现代化道路，切实把成果写在中国大地上，为实现中华民族伟大复兴贡献新的更大力量。

是为序。

校党委书记　　　　　　　校长

2023 年 11 月

目 录

第一章 现代化与中国式现代化 / 1

第一节 现代化：一个充满争议和张力的概念 / 1

第二节 资本主义现代化：缘起、扩散与内在矛盾 / 5

第三节 中国现代化道路的艰难探索与初步形成 / 12

第四节 新时代背景下"中国式现代化"的推进和拓展 / 24

第二章 共同富裕：中国式现代化的重要特征 / 35

第一节 共同富裕：中国共产党人的坚定理想和目标 / 35

第二节 扎实推进共同富裕：新时代的新要求 / 42

第三节 中国式现代化视域下的共同富裕 / 49

第三章 中国的共同富裕：进展、问题与宏观思路 / 59

第一节 共同富裕取得的进展 / 59

第二节 推进共同富裕面临的问题 / 74

第三节 推进共同富裕的宏观思路与重大战略 / 89

第四节 推进共同富裕的制度与文化优势 / 100

第四章 经济发展、收入分配与共同富裕 / 109

第一节 共同富裕的基础：实现经济高质量发展 / 109

第二节 优化收入分配结构的长效机制：就业与初次分配 / 119

第三节 优化收入分配结构的关键之举：加大再分配力度 / 131

第四节 优化收入分配结构的有益补充：第三次分配 / 141

第五章 基本公共服务均等化与共同富裕 / 149

第一节 基本公共服务均等化的内涵 / 149

第二节 基本养老服务均等化 / 153

第三节 基本医疗健康服务均等化 / 162

第四节 基本托育服务均等化 / 172

第六章 高质量社会保障与共同富裕 / 183

第一节 社会保障促进共同富裕的机制 / 183

第二节 面向共同富裕的养老保险制度改革 / 193

第三节 面向共同富裕的医疗保障制度改革 / 200

第四节 面向共同富裕的社会救助制度改革 / 205

第五节 面向共同富裕的社会福利制度改革 / 210

第七章　乡村振兴与共同富裕　/ 217

第一节　城乡差距：实现共同富裕的主要短板　/ 217
第二节　乡村振兴的战略思路与战略举措　/ 221
第三节　乡村振兴需要重点关注的三类群体　/ 232

结语：迈向共同富裕的中国式现代化　/ 237

参考文献　/ 247

后　记　/ 258

第一章

现代化与中国式现代化

第一节 现代化：一个充满争议和张力的概念

"现代化"恐怕是社会科学中所有的学科和领域都会提及的重要概念之一。按照史学家罗荣渠的说法，"现代"至少包括两层含义：一层是作为时间尺度，泛指从中世纪结束以来一直延续到今天的一个"长时程"；一层是作为价值尺度，指区别于中世纪的新时代精神和特征[①]。时间尺度与价值尺度的相互交错恰恰成为"现代化"概念争议的主要来源，因为随着时间的脚步向前迈进，价值的判断亦可能发生改变。当然，我们站在当下去讨论"现代化"，从极长的历史周期来

---

① 罗荣渠. 现代化理论与历史研究 [J]. 历史研究，1986（3）：19-32.

看，必然会具有相对性，即任何单一意义上的概念运用都具有失之偏颇的风险[①]，但我们仍然需要一个基本的概念框架和共识，从而形成对话的基准。

在对现代化林林总总的定义和描述中，既有强调其过程性的，如罗兹曼（Gilbert Rozman）认为，现代化是"人类历史上社会变革的一个极其戏剧性的、深远的、必然发生的事例"[②]；也有强调其目标性的，如亨廷顿（Samuel Phillips Huntington）把现代化界定为"是将人类及这个世界的安全、发展和完善，作为人类努力的目标和规范的尺度"，并进而提出了现代化的一些基本要素，包括"工业化、城市化，以及识字率、教育水平、富裕程度、社会动员程度的提高和更复杂的、更多样化的职业结构"[③]；还有强调其延续性和发展性的，如英格尔斯（Alex Inkeles）强调，现代化并非代表着传统文明的终结，而是人类传统文明的健康延伸和创造性转化，"它一方面全力吸收了以往人类历史所创造的一切物质和精神财富，一方面又以传统所从来未曾有过的创造力和改造能力，把人类文明推向一个新的高峰"[④]。按照马克思主义者的观点，现代化是由生产力的现代化驱动生产关系的现代化、上层建

[①] 万俊人.现代性的多元镜鉴[J].中国社会科学，2022（7）：4-20，204.
[②] 吉尔伯特·罗兹曼.中国的现代化[M].陶骅，等译.上海：上海人民出版社，1989：4.
[③] 萨缪尔·亨廷顿.文明的冲突[M].周琪，等译.北京：新华出版社，2013：47-48.
[④] 英格尔斯.人的现代化[M].殷陆君，译.成都：四川人民出版社，1985：58.

筑的现代化和意识形态的现代化①。因此，无论从哪个层面来看，现代化都是一个宏观而全面的概念。

据美国学者沃勒斯坦对《牛津英语词典》的考证，人类早在1585年就已开始使用"现代化"一词②。虽然关于现代化的最初动力到底是来源于启蒙运动，还是来源于科学技术进步带来的工业化，抑或是来源于市场经济的出现与扩散，仍然存在广泛的争议，但现代化给人类社会带来了广泛而深刻的影响却是基本共识。现代化作为一个世界性的历史过程，是指人类社会自工业革命以来所经历的一场急剧变革，这一变革以工业化为推动力，导致传统的农业社会向现代工业社会的全球性的大转变，它使工业主义渗透到政治、文化、思想各个领域，引起深刻的相应变化③。当然，从国家发展的角度来看，对现代化的讨论又需要有具体的场景。它是落后国家采取高效率的途径，其中包括可利用的传统因素，通过有计划地进行经济技术改造和学习世界先进经验，带动广泛的社会改革，以迅速赶上先进工业国和适应现代世界环境的发展过程④。

更为重要的是，现代化不仅仅改变着人类的生产生活方式，还在人与环境的互动过程中深刻地改变着人类本身。英

---

① 韩保江，李志斌.中国式现代化：特征、挑战与路径[J].管理世界，2022，38（11）：29-43.

② 程美东.中国现代化思想史（1840—1949）[M].北京：高等教育出版社，2006：1.

③ 罗荣渠.现代化理论与历史研究[J].历史研究，1986（3）：19-32.

④ 罗荣渠.现代化理论与历史研究[J].历史研究，1986（3）：19-32.

格尔斯从人的角度分析了现代化的内涵，归纳了现代人格的特征。他认为，来自不同文化的人，一旦置身于现代化的工业和其他现代环境中，就会基本顺应这种环境，从心理、思想、态度和行为方式上向现代性转变，产生出具有某种"共同性"的精神状态和行为方式，成为现代的个人[①]。在现代化中，人既是主体，也是客体，并最终表现为"人类自我主体性的确立过程"[②]。

现代化作为一个兼具时间动态性和内容多维性的概念，在时间的脚步中接受锤炼，在理论的争鸣中凝聚共识。在时间维度上，它既致力于对西方工业化以来发展路径和经验的凝练总结，又是一个自身就在不断加速奔向未来的过程[③]，在这种时空交错中，在全球场域下国家现代化发展的目标锚定和道路选择的具体实践中，基于多维内容的价值判断亦在学习与扬弃、一般性与本土性之间形塑着各自的发展道路。尽管如此，致力于一般性规律总结的理论观点认为，曾经对峙的现代化主张之间已经逐渐有了规范含义和在各个领域的基

---

① 英格尔斯.人的现代化[M].殷陆君，译.成都：四川人民出版社，1985：58.
② 郭台辉."中国式现代化"作为政治学概念建构的前置条件[J].中国社会科学评价，2022（4）：18-26.
③ 例如，有学者把现代化划分为从农业社会向工业社会转变的第一阶段，以及从工业社会向后工业社会或信息化社会转变的第二阶段，从这个意义上看，即使是发达的资本主义国家，也大多仍处于"现代化"的进程中。唐亚林，周昊.走自己的路：中国式现代化的理论演进、路径选择与价值追求[J].理论探讨，2022（5）：29-38.

本表现①，无论是在抽象概念上，还是在具体指向上，世界上几乎所有国家都将现代化作为发展的基本取向，这就使得"中国式现代化"在全球的理论和实践语境下，实现了主体性和通识性的有机结合。

第二节　资本主义现代化：缘起、扩散与内在矛盾

毋庸讳言，西方资本主义国家是现代化的先发国家，以至于有观点认为，资本主义和现代化是相伴发生的②。正如马克思所言，"'现代社会'就是存在于一切文明国度中的资本主义社会"③。从这个意义上说，资本主义的发展史也是资本主义国家现代化的发展史，有学者将其精练地描述为：孕育于地缘扩展（"地理大发现"）和科技革命（"科技大发明"）的西方现代性，通过市场经济在欧洲的勃兴及其持续不断的世界扩张，以及逐渐在欧美国家获得成功的民主政治的加持和

---

① 任剑涛.从现代化的规范含义理解"中国式现代化"[J].江汉论坛，2023（1）：5-14.
② 唐亚林，周昊.走自己的路：中国式现代化的理论演进、路径选择与价值追求[J].理论探讨，2022（5）：29-38.
③ 马克思，恩格斯.马克思恩格斯全集：第25卷[M].2版.北京：人民出版社，2001：28.

世俗化的社会运动，最终创造了"现代世界体系"或者现代世界历史①。抽丝剥茧，我们在资本主义（国家）现代化的历史进程中提炼出了一些重要的要素，它们至少应当包括反对宗教压迫而强调个人权利的基督教文明、基于私有制和等价交换原则的自由市场经济、建立在科技创新和技术进步基础上的生产力快速发展、以政党政治和议会民主为主要形态的政治体制等。它孕育于西欧封建社会的母体中，启蒙于文艺复兴和宗教改革，在18世纪的工业革命中加速爆发，并且带来了各领域的一系列深刻变革。这些要素被公式化地表达为"自由主义＋普世主义／世界主义＋殖民主义或殖民扩张／帝国主义＋人权民主价值观"②，而资本主义国家现代化进程实质上却是上述要素在漫长历史中相互作用的复杂过程。这些要素及其组合方式，既成为现代化释放其巨大能量的来源，构成了先发资本主义国家现代化的基本经验，也决定了资本主义国家现代化的内在矛盾性。

私有制强化了个人的财产意识和权利意识，但也使得理性的经济人失去了团结互助的温情，权利扩张的冲动进一步演化为社会层面乃至全球层面弱肉强食的达尔文主义；资本逐利的天性激发了各种生产要素的活力，而其追求利润最大化的过程又必然导致与其他生产要素尤其是劳动者之间的分

---

① 万俊人.现代性的多元镜鉴[J].中国社会科学，2022（7）：4-20，204.
② 万俊人.现代性的多元镜鉴[J].中国社会科学，2022（7）：4-20，204.

配矛盾；市场经济大大提高了资源配置的效率，但伴随着经济的全球化和国家之间的产业分工，必然会导致后发国家在全球分工中的不利位置，尽管从发达国家的角度看，这有利于提高整体的经济效率；技术进步带来的生产力快速发展一方面积累了更加丰富的物质财富，但另一方面也进一步激化了资本主义制度下生产力和生产关系的内在矛盾，理性主义异化为工具主义和利己主义，技术与工人的活劳动成为资本增殖的工具[1]，收入和财富分配差距凸显、劳资冲突激化；西方的民主体制在独立的民族国家因遭遇不同类型的文化冲突和由此带来的适应性困境而跌下神坛。简而言之，资本主义现代化在使自然、社会和人获得极大发展和解放的同时，又产生了一系列难以克服的历史悖论和现实困境[2]，"机器具有减少人类劳动和使劳动更有成效的神奇力量，然而却引起了饥饿和过度的疲劳"[3] 就是对这种矛盾最形象的描述。

从地域范围上看，上述矛盾通过两种方式得以呈现：一方面，在资本主义国家内部以及资本主义世界中呈现出来。19 世纪，现代化在欧美资本主义世界得以快速推进，然而想象中资本主义现代化在全球扩散的 20 世纪却首先出现了"后

---

[1] 张青卫. 唯物史观视野中的技术批判 [J]. 马克思主义研究，2012（2）：117-123.
[2] 孟庆龙. 人的解放与中国式现代化新道路 [J]. 南开学报（哲学社会科学版），2022（4）：13-21.
[3] 马歇尔·伯曼. 一切坚固的东西都烟消云散了：现代性体验 [M]. 徐大建，张辑，译. 北京：商务印书馆，2003：21.

院着火"的情况,抛开先发资本主义国家内部的各种经济社会矛盾不说,对人类造成重大灾难的两次世界大战均是由资本主义国家发起,并导致第一次世界大战中俄国从资本主义体系中脱离,走上了社会主义的道路,第二次世界大战中德国、意大利和日本脱离凡尔赛和平体系,走上了法西斯道路[1]。

另一方面,资本主义现代化的方式又决定了其必然具有外部扩张性,从而将矛盾在全球范围内展现出来。"它迫使一切民族——如果它们不想灭亡的话——采用资产阶级的生产方式;它迫使它们在自己那里推行所谓的文明,即变成资产者。一句话,它按照自己的面貌为自己创造出一个世界。"[2]然而,无论是第二次世界大战之前以殖民化的方式,还是第二次世界大战之后通过意识形态输出或其他有条件的国际援助,抑或是通过后发国家亦步亦趋地邯郸学步,传统资本主义现代化在全球范围内的扩散并不成功。"使未开化和半开化的国家从属于文明的国家,使农民的民族从属于资产阶级的民族,使东方从属于西方"[3]的资本主义全球现代化构想在民族解放运动的背景下,在价值观念和文化冲突的影响下化为泡影。无论是在拉丁美洲,还是在亚非地区,传统的资本主义现代化不仅没有很好地解决后发国家的现代化问题,反而甚至引

---

[1] 罗荣渠.20世纪回顾与21世纪前瞻:从世界现代化进程视角透视[J].战略与管理,1996(3):91-95.
[2] 马克思,恩格斯.马克思恩格斯选集:第1卷[M].3版.北京:人民出版社,2012:404.
[3] 马克思,恩格斯.马克思恩格斯选集:第1卷[M].3版.北京:人民出版社,2012:405.

发了新的社会问题①。在资本主义现代化、全球化及其交融发展中，资本与劳动、中心国家与边缘国家、先发国家与后发国家、跨国资本与民族资本、金融资本与实体资本、跨国资产阶级与跨国无产阶级之间的矛盾更加突出了②。

资本主义现代化在全球扩散所遭遇的失败具有必然性，它是由现代化的特征和资本主义制度的特征共同决定的。正如上文所述，现代化既是抽象的，更是具体的；资本主义的现代化道路是在其特定的社会经济环境下孕育和产生的，甚至不同的先发资本主义国家之间亦存在显著的差别③。换言之，先发资本主义国家的现代化道路若要走得通，则需要有相应的经济社会文化环境作为前提条件。显然，不仅1840年时半殖民地半封建的中国不具备这样的条件，而且很多具有自身文化传统与发展路径的后发国家也不具备这样的条件。进一步地，现代化本身亦是时空交错中的矛盾体，而资本主义的生产方式又必然会激化这种矛盾，现代化需要生产力的不断解放，而资本主义的生产关系又必然会约束生产力的进一步发展，从而只能选择对外扩张之路（无论是军事上的还是经济上的），而这必然又与

---

① 陈铁民.邓小平"中国式现代化"理论的世界历史意义[J].厦门大学学报（哲学社会科学版），1998（4）：22-27.
② 沈斐.资本内在否定性框架中的跨国资本和全球治理[J].马克思主义研究，2015（11）：75-83.
③ 例如，英国采取自下而上的方式，法国采取自上而下的方式，美国遵循"例外论"，德国开辟"独特道路"，日本采取"脱亚入欧"等。郭台辉."中国式现代化"作为政治学概念建构的前置条件[J].中国社会科学评价，2022（4）：18-26.

现代化对国家独立发展和公民权利自由的要求背道而驰。资本主义和现代化，就是这样既相伴而行，又相互矛盾。

面对这样的矛盾和困境，资本主义国家也在积极探寻应对之策。第二次世界大战之后以改善劳工和国民福利为主要功能的福利资本主义兴起，极大地缓和了劳资矛盾，进一步释放了生产力，延续了资本主义的发展进程[①]；金融衍生工具的创新和迭代、网络信息技术的快速发展及其与传统产业的深度融合，使得资本通过金融化、信息化、平台化、网络化等新形态，在弱化传统劳动关系的同时，继续参与社会生产和分配、赚取剩余价值等。当然，这些方式无法从根本上解决资本主义的内在矛盾以及资本主义与现代化的冲突，更无法阻挡后发国家探寻符合自身国情的现代化之路。

任何理论假说都要接受历史的检验。无论是美国社会学家塔尔科特·帕森斯（Talcott Parsons）所秉持的（资本主义的）现代化是世界各民族国家殊途同归的发展模式的观点[②]，还是美国政治学家弗朗西斯·福山（Francis Fukuyama）颇具影响的"历史终结论"[③]，这样的论调都已然到了终结之时。如

[①] 郑功成.共同富裕与社会保障的逻辑关系及福利中国建设实践[J].社会保障评论，2022，6（1）：3-22.
[②] 塔尔科特·帕森斯.社会行动的结构[M].张明德，夏遇南，彭刚，译.南京：译林出版社，2003：558-786.
[③] 弗朗西斯·福山.历史的终结及最后之人[M].黄胜强，等译.北京：中国社会科学出版社，2003.

果说"现代化"从内容上仍然具有一些一般性要求的话,那么在全球现代化的浪潮中,一元现代性(singular modernity)的论调必将休矣,不同国家实现现代化的道路和方式必然是不同的。由此我们可以断言,资本主义国家是现代化的先行者,但资本主义的现代化既不是现代化的唯一道路,更不是现代化的范本。相比而言,马克思主义在深刻批判资本主义社会的同时,也揭示了资本主义现代化的内在矛盾。虽然在马克思的经典著作中,并没有直接使用"现代化"这样的字眼,但马克思和恩格斯早就提出过社会的现代发展,特别是现代资本主义形成和发展的基本理论[1]。马克思在《资本论》第一版序言中指出,"本书的最终目的就是揭示现代社会的经济运动规律"[2],这里的"现代社会"当然是指资本主义社会,他进而分析认为,一方面,"资产阶级在它的不到一百年的阶级统治中所创造的生产力,比过去一切世代创造的全部生产力还要多,还要大"[3];另一方面,"资产阶级在它已经取得了统治的地方把一切封建的、宗法的和田园诗般的关系都破坏了。……它用公开的、无耻的、直接的、露骨的剥削代替了由宗教幻想和政治幻想掩盖着的剥削"[4]。

---

[1] 罗荣渠.建立马克思主义的现代化理论的初步探索[J].中国社会科学,1988(1):39-64.
[2] 马克思,恩格斯.马克思恩格斯文集:第5卷[M].北京:人民出版社,2009:10.
[3] 马克思,恩格斯.马克思恩格斯文集:第2卷[M].北京:人民出版社,2009:36.
[4] 马克思,恩格斯.马克思恩格斯文集:第2卷[M].北京:人民出版社,2009:33-34.

在马克思主义的指导下，世界上第一个社会主义国家苏联开始了社会主义现代化的实践。列宁立足俄国生产力低下、经济落后的现实，在1920年的《关于电气化的意见》一文中提出了"共产主义＝苏维埃政权＋电气化"[①]的著名公式，制订了被称为"第二党纲"的全俄电气化计划，全面谋划苏俄社会主义现代化建设[②]。遗憾的是，斯大林模式的"定于一尊"和之后的苏联解体、东欧剧变，使得当时全球范围内社会主义现代化的实践并没有成功的典范。正是在这样的历史场景下，世界范围内社会主义国家现代化道路探索的目光聚焦到了中国，任务也落到了中国共产党的身上。

第三节　中国现代化道路的艰难探索与初步形成

一、近代以来的探索与挫折

当闭关锁国的封建清王朝被西方国家的鸦片和坚船利炮

[①] 列宁.列宁全集：第40卷[M].北京：人民出版社，1992：223.
[②] 胡国胜."中国式现代化"概念的源流考释与话语演变[J].教学与研究，2022（12）：109-117.

打开国门时，彼时的现代化显然具有很强的被动性，即便如此，仍有各式的政治力量和先进人物在努力寻找现代化①的方向与道路：林则徐、龚自珍、魏源等人"睁眼看世界"，著书立说以求"师夷长技以制夷"；农民起义性质的太平天国运动，也在《资政新篇》中出现了一些具有资本主义性质的主张。洋务运动在一定程度上构成了中国现代化的起点，从外交、工业、教育等不同方面，拉开了中国现代化的历史大幕②，但现代化之生产力的迅速发展所需要的生产关系与上层建筑又岂是封建王朝所能提供的？

现代化是与资本主义相伴而生的，中国的资产阶级改良派和革命派自然也立志于探索中国的现代化之路。康有为、梁启超等改良派的君主立宪制与戊戌六君子一起，倒在了封建主义顽固派的镇压之下；孙中山先生领导的资产阶级革命结束了中国两千多年的封建君主专制制度，却没有彻底改变中国半殖民地半封建的社会性质。上述政治力量既没有完成也不可能完成民族独立的任务，更不要说实质性地推动中国

---

① 很多研究成果将近代时期中国的现代化探索称为"近代化"，这是不准确的。根据罗荣渠先生的考证和分析，造成这种现象的主要原因是受到日文"近代化"及其翻译的影响。日本的近代是指从明治维新到第二次世界大战战败投降这一时期，西方现代化理论探讨的问题，主要属于日本近代史的范围。与此同时，日语中的"近代"兼有中文的"近代"和"现代"之意。因此，英文 modernization 的日文翻译是"近代化"，中文翻译就是"现代化"。罗荣渠. 现代化理论与历史研究 [J]. 历史研究，1986（3）：19-32.
② 金民卿. 中国式现代化的形成发展及其对人类文明新形态的贡献 [J]. 马克思主义理论学科研究，2022，8（12）：15-27.

的现代化进程。这也正是上文所论及的资本主义现代化在全球范围内扩散失败的"中国图景"。中国的仁人志士希望学习借鉴西方资本主义的现代化技术、制度乃至思想文化，以实现自身强大之目标，而资本主义的本质属性却又决定了在其主导的全球现代化进程中，对现代化之路的探索只能沿着符合先发国家利益的路径进行，相比一个独立自主的强大中国，当时半殖民地半封建的旧中国显然更符合资本主义在全球版图中的利益。从这个角度，也就不难理解毛泽东所言之"中国人向西方学得很不少，但是行不通，理想总是不能实现"[①]。

值得一提的是，这个时期政治力量在现代化实践上的屡受挫折，在一定程度上刺激了知识界对中国现代化道路的早期思考。自20世纪30年代起，理论话语体系从原来的"自强"和"西化"转化成"世界化"和"现代化"。其中，胡适、蒋廷黻等人对"现代化"这个词的普及作出了重要贡献[②]，而特别重要的是1933年7月《申报月刊》第二卷第七号出版"中国现代化问题号"特辑这个标志性事件[③]。其中，已有撰稿者鲜明提出："中国现代化的方式应当采取社会主义的。要在有组织的生产，很公允的分配，使'劳力'与'资

---

① 毛泽东.毛泽东选集：第4卷[M].北京：人民出版社，1991：1470.
② 阎书钦.20世纪30年代中国知识界"现代化"理念的形成及内涵流变[J].河北学刊，2005，25（1）：187-193.
③ 胡大平.从近代民族复兴的话语看中国式现代化之新文明追求[J].学术界，2022（11）：14-22.

本'站在平等的地位。'资本阶级'合'劳力阶级'的划分，须积渐划除；私有财产制度亦应逐渐改革。于不破坏社会秩序之范围内，推进社会主义式的'中国现代化'。"① 历史告诉我们，中国虽然是"被诅咒地去现代化"②，但也恰恰因为如此，中国必定要探索和走上一条属于自己的现代化之路。

二、"四个现代化"：新民主主义革命时期、社会主义革命和建设时期的探索

作为马克思主义的无产阶级政党，中国共产党自成立以来，就始终把为中国人民谋幸福、为中华民族谋复兴作为自己的初心使命。这决定了中国共产党的现代化理念和实践必然要以马克思的科学社会主义为指导，要与中国的历史文化和现实国情相结合，从而开启了中国式现代化不可逆转的新征程③。

中国共产党人早期的"现代化"概念主要指经济领域的现代化即工业化，这也与资本主义现代化的时代意蕴相吻合。1921年6月，张太雷在《致共产国际第三次代表大会的书面

---

① 李圣五. 中国现代化的条件与方式 [J]. 申报月刊, 1933, 2（7）: 6.
② 金耀基. 金耀基自选集 [M]. 上海: 上海教育出版社, 2002: 88.
③ 秦宣. 中国式现代化的历史逻辑探析 [J]. 当代中国史研究, 2022, 29（2）: 4-21, 155.

报告》中提及,"因为近几年中国的粗放养蚕业受到现代化大工厂廉价生产的排挤,妇女便常常到这些工厂去打短工"[1]。同年,李大钊在《中国社会主义与世界的资本主义》中更加明确地提出,"今日在中国想发展实业,非由纯粹生产者组织政府,以铲除国内的掠夺阶级,抵抗此世界的资本主义,依社会主义的组织经营实业不可"[2]。1923年7月,陈独秀在《给萨法罗夫的信》中指出,"现代化工人的数量很少","这些工人中政治觉悟开始发展"[3]。1926年3月,瞿秋白在《世界劳工运动现状》中斥责国际社会改良派尤其是黄色职工国际,指出"社会民主党和改良派的工会领袖大致都是说,中国应当实行'经济上的现代化'"[4]。抗日战争时期,中国共产党的"现代化"概念根据当时的主要任务,主要集中在军事领域,形成了"军事现代化""作战现代化""军队现代化""装备现代化"等话语体系[5]。1944年5月26日,《解放日报》发表题为《中央办公厅招待会上毛泽东同志号召发展工业打倒日寇》的文章:"要打倒日本帝国主义,必需工业,要中国的民族独立有巩固保障,就必需工业化。我们共产党是要努力于中国

---

[1] 张太雷. 张太雷文集[M]. 北京:人民出版社,2013:21.
[2] 李大钊. 李大钊全集:第3卷[M]. 北京:人民出版社,2006:277-278.
[3] 陈独秀. 陈独秀文集:第2卷[M]. 北京:人民出版社,2013:435.
[4] 瞿秋白. 瞿秋白文集·政治理论编:第8卷[M]. 北京:人民出版社,2013:297.
[5] 胡国胜. "中国式现代化"概念的源流考释与话语演变[J]. 教学与研究,2022(12):109-117.

的工业化的。"①

新中国成立后，中国共产党作为执政党，需要对国家的整体发展进行全面谋划和系统推进，对现代化的认知和界定也随之不断丰富。社会主义改造完成后，毛泽东于1953年就指出，"要在一个相当长的时期内，逐步实现国家的社会主义工业化"②。1954年9月，毛泽东在第一届全国人民代表大会第一次会议上提出，要把中国"建设成为一个工业化的具有高度现代文化程度的伟大的国家"③。据此，周恩来在政府工作报告中提出要建设"强大的现代化的工业、现代化的农业、现代化的交通运输业和现代化的国防……把中国建设成为一个强大的社会主义的现代化的工业国家"④。1956年，党的八大决议提出，当前的重要任务就是"把我国尽快地从落后的农业国变为先进的工业国"⑤。党的八大通过的《中国共产党章程》将"使中国具有强大的现代化的工业、现代化的农业、现代化的交通运输业和现代化的国防"⑥的奋斗任务写入党章。1957年2月，毛泽东在《关于正确处理人民内部矛盾的问题》

---

① 中央办公厅招待会上毛泽东同志号召发展工业打倒日寇[N].解放日报，1944-05-26（1）.
② 毛泽东.毛泽东文集：第6卷[M].北京：人民出版社，1999：316.
③ 毛泽东.毛泽东文集：第6卷[M].北京：人民出版社，1999：350.
④ 周恩来.周恩来选集：下卷[M].北京：人民出版社，1984：132-136.
⑤ 中共中央文献研究室.建国以来重要文献选编：第9册[M].北京：中央文献出版社，1994：341-342.
⑥ 中共中央文献研究室.建国以来重要文献选编：第9册[M].北京：中央文献出版社，1994：315-316.

的讲话中提出"将我国建设成为一个具有现代工业、现代农业和现代科学文化的社会主义国家"[1]。后来，他在读苏联《政治经济学教科书》时说，"建设社会主义，原来要求是工业现代化，农业现代化，科学文化现代化，现在要加上国防现代化"[2]。进一步地，他在1963年9月召开的中共中央工作会议上提出了分两步走的现代化战略设想，1964年12月，他正式提出要"把我国建设成为一个社会主义的现代化的强国"[3]。

1964年12月13日，毛泽东审阅周恩来在第三届全国人民代表大会第一次会议上的政府工作报告草稿时加写了一段文字："我们必须打破常规，尽量采用先进技术，在一个不太长的历史时期内，把我国建设成为一个社会主义的现代化的强国"[4]。根据毛泽东的战略设想，第三届全国人民代表大会正式提出20世纪末分两步走实现"四个现代化"的宏伟目标，为把"我国建设成为一个具有现代农业、现代工业、现代国防和现代科学技术的伟大强盛的社会主义国家而奋斗"[5]。"第一步，建立一个独立的比较完整的工业体系和国民经济体系；第二步，全面实现农业、工业、国防和科学技术的现代

---

[1] 毛泽东.毛泽东文集：第7卷[M].北京：人民出版社，1999：207.
[2] 毛泽东.毛泽东文集：第8卷[M].北京：人民出版社，1999：116.
[3] 毛泽东.毛泽东文集：第8卷[M].北京：人民出版社，1999：341.
[4] 毛泽东.毛泽东文集：第8卷[M].北京：人民出版社，1999：341.
[5] 中共中央文献研究室.建国以来重要文献选编：第20册[M].北京：中央文献出版社，2011：9.

化，使我国经济走在世界的前列。"①从此，"四个现代化"成为中国共产党在社会主义革命和建设时期最重要的一个政治概念②，成为党和全国各族人民的共同奋斗目标，成为凝聚和团结全国各族人民不懈奋斗的强大精神力量③。

回顾这个时期中国共产党的现代化理念和实践，其有三个显著的特点：第一，随着新民主主义革命时期"民族独立、人民解放"之任务的完成，中国共产党具备了探索中国现代化道路的前提条件，中国也真正开启了现代化的强国之路。第二，中国共产党执政地位的确立使之对现代化内容的界定从狭义的经济领域或军事领域拓展到了综合领域，尤其是"四个现代化"之目标的提出，兼具全面性和重点性，深刻反映了在不同发展阶段中国共产党推进中国现代化建设的重点任务。第三，在新中国成立初期，中国共产党人在向全世界第一个社会主义国家苏联学习现代化建设的过程中，愈加深刻地意识到需要独立自主地探索一条符合中国国情的现代化道路，资本主义现代化不适合我们，对于苏联式的现代化方式，我们也"必须有分析有批判地学，不能盲目地学，不能一切照抄，机械搬用"④。

---

① 周恩来.周恩来选集：下卷[M].北京：人民出版社，1984：439.
② 胡国胜."中国式现代化"概念的源流考释与话语演变[J].教学与研究，2022（12）：109-117.
③ 本书编写组.中国共产党简史[M].北京：人民出版社，中共党史出版社，2021：198.
④ 毛泽东.毛泽东文集：第7卷[M].北京：人民出版社，1999：41.

三、"中国式的社会主义现代化"：改革开放和社会主义现代化建设新时期的探索

进入改革开放和社会主义现代化建设新时期后，伴随着改革实践，中国共产党人对现代化内涵的认识更加丰富全面、重点更加清晰，在将现代化作为国家发展重要目标的同时，不断谋划和更新路线图，中国式现代化的理论框架和政策路径逐步清晰。

党的第二代中央领导集体核心邓小平同志非常重视现代化的重大意义，并提出了"中国式的现代化"的概念。他指出："能否实现四个现代化，决定着我们国家的命运、民族的命运"[1]；"没有四个现代化，中国在世界上就没有应有的地位"[2]。1977年9月，邓小平在《教育战线的拨乱反正问题》中提出，"不抓科学、教育，四个现代化就没有希望，就成为一句空话"[3]。1978年3月，邓小平在全国科学大会开幕式上指出，要在20世纪末"全面实现农业、工业、国防和科学技术的现代化，把我们的国家建设成为社会主义的现代化强国"[4]。同年12月，具有划时代意义的党的十一届三中全会正

---

[1] 邓小平. 邓小平文选：第2卷 [M]. 北京：人民出版社，1994：162.
[2] 邓小平. 邓小平文选：第3卷 [M]. 北京：人民出版社，1993：357.
[3] 邓小平. 邓小平文选：第2卷 [M]. 北京：人民出版社，1994：68.
[4] 邓小平. 邓小平文选：第2卷 [M]. 北京：人民出版社，1994：85-86.

式提出,"全党工作的着重点应该从一九七九年转移到社会主义现代化建设上来……为在本世纪内把我国建设成为社会主义的现代化强国而进行新的长征"[①]。1979年3月,邓小平在《坚持四项基本原则》讲话中指出要"走出一条中国式的现代化道路"[②],并强调"中国式的现代化,必须从中国的特点出发"[③]。同年10月,邓小平在《关于经济工作的几点意见》讲话中提出,"我们开了大口,本世纪末实现四个现代化。后来改了个口,叫中国式的现代化,就是把标准放低一点"[④]。同年12月,邓小平在与日本首相大平正芳会谈时指出,"我们要实现的四个现代化,是中国式的四个现代化",是"小康之家"[⑤]。除了强调现代化的中国情景和中国道路之外,邓小平还非常强调社会主义和现代化的关系。1985年8月,邓小平在会见津巴布韦非洲民族联盟主席、政府总理穆加贝时提出,"在四个现代化前面有'社会主义'四个字,叫'社会主义四个现代化'"[⑥]。

党的十一届三中全会以来,历次党的全国代表大会都对社会主义现代化建设的目标、内容和步骤进行了重点安排。

[①] 中共中央文献研究室.三中全会以来重要文献选编:上[M].北京:中央文献出版社,1982:1-5.
[②] 邓小平.邓小平文选:第2卷[M].北京:人民出版社,1994:163.
[③] 邓小平.邓小平文选:第2卷[M].北京:人民出版社,1994:164.
[④] 邓小平.邓小平文选:第2卷[M].北京:人民出版社,1994:194.
[⑤] 邓小平.邓小平文选:第2卷[M].北京:人民出版社,1994:237.
[⑥] 邓小平.邓小平文选:第3卷[M].北京:人民出版社,1993:138.

1982年，党的十二大报告的主题即为"全面开创社会主义现代化建设的新局面"，但报告中现代化的具体目标仍然聚焦经济领域，提出"从一九八一年到本世纪末的二十年，我国经济建设总的目标是，在不断提高经济效益的前提下，力争使全国工农业的年总产值翻两番……城乡人民的收入将成倍增长，人民的物质文化生活可以达到小康水平"。

1987年，党的十三大系统阐述了社会主义初级阶段理论，提出把我国建设成为富强、民主、文明的社会主义现代化国家。大会报告在"关于经济发展战略"这一部分明确了邓小平提出的"三步走"的现代化战略设想："第一步，实现国民生产总值比一九八〇年翻一番，解决人民的温饱问题。这个任务已经基本实现。第二步，到本世纪末，使国民生产总值再增长一倍，人民生活达到小康水平。第三步，到下个世纪中叶，人均国民生产总值达到中等发达国家水平，人民生活比较富裕，基本实现现代化。"

1992年，党的十四大确立了邓小平建设有中国特色社会主义理论在全党的指导地位，概括了建设有中国特色社会主义理论的主要内容。党的十四大报告的主题是"加快改革开放和现代化建设步伐 夺取有中国特色社会主义事业的更大胜利"。在报告中，"现代化"不仅密集出现在有关经济领域的工作要求中，还出现在政治体制改革、教育和科技进步、精神文明建设以及军队建设等多个领域，从而呈现出现代化对中国特色社会主义建设事业的引领性。

1997年,党的十五大提出了社会主义初级阶段的基本纲领,规划了跨世纪发展的战略部署。大会提出了新的"三步走"发展战略:21世纪"第一个十年实现国民生产总值比二零零零年翻一番,使人民的小康生活更加宽裕,形成比较完善的社会主义市场经济体制;再经过十年的努力,到建党一百年时,使国民经济更加发展,各项制度更加完善;到世纪中叶建国一百年时,基本实现现代化,建成富强民主文明的社会主义国家"。

2002年,党的十六大明确提出,经过全党和全国各族人民的共同努力,我们胜利实现了现代化建设"三步走"战略的第一步、第二步目标,"人民生活总体上达到小康水平",并将推进现代化建设作为中国共产党的三大历史任务之一。会议进一步提出"全面建设惠及十几亿人口的更高水平的小康社会",具体目标包括经济、政治、社会文化以及可持续发展能力等方面。

2007年,党的十七大首次提出到2020年实现全面建成小康社会的奋斗目标,报告指出,"改革开放是党在新的时代条件下带领人民进行的新的伟大革命,目的就是要解放和发展社会生产力,实现国家现代化……今天,一个面向现代化、面向世界、面向未来的社会主义中国巍然屹立在世界东方"。

纵观这个时期中国共产党现代化的理念和实践,可以显著发现,综合全面的现代化观已经从理念层面进入实践层面,面对这个时期经济社会的快速发展,我们将"变与不变"相结合,在坚定现代化发展目标的同时,对不同阶段的目标做着适时的调整。正如邓小平所言,"什么叫现代化?五十年代一个样,六十年代不一样了,七十年代就更不一样了"[①]。正所谓,现代化是关于发展的议题,而现代化本身也是一个不断发展的概念。

第四节　新时代背景下"中国式现代化"的推进和拓展

党的十八大以来,中国特色社会主义进入新时代,中国共产党人成功推进和拓展了中国式现代化。新时代十年来,以习近平同志为核心的党中央采取一系列重大战略举措,以中国式现代化推进中华民族伟大复兴,立足新发展阶段、贯彻新发展理念、构建新发展格局,推动物质文明、政治文明、精神文明、社会文明、生态文明协调发展,采取一系列变革性措施,实现一系列突破性进展,取得一系列标志性成果,顺利完成第一个百年奋斗目标,并迈上全面建设社会主义现代化国家新征程。2022年11月,党的二十大制定了当前和

---

① 中共中央文献研究室.邓小平思想年编(一九七五——一九九七)[M].北京:中央文献出版社,2011:162.

今后一个时期党和国家的大政方针，报告明确提出，新时代新征程中国共产党的使命任务是：从现在起，中国共产党的中心任务就是团结带领全国各族人民全面建成社会主义现代化强国、实现第二个百年奋斗目标，以中国式现代化全面推进中华民族伟大复兴[①]。报告对"中国式现代化"的中国特色、本质要求和重大原则进行了系统的阐释。由此，"中国式现代化"成为一个重要的政治概念和学术概念，成为中国实现第二个百年奋斗目标并进而推进中华民族伟大复兴的基本方式。

中国式现代化的概念和内涵，是在新时代的背景下，在中国特色社会主义建设事业的伟大实践中逐步形成的。习近平总书记对中国式现代化有过多次重要的系统论述。早在2013年9月，习近平在主持十八届中央政治局第九次集体学习时就指出，"我国现代化同西方发达国家有很大不同。西方发达国家是一个'串联式'的发展过程，工业化、城镇化、农业现代化、信息化顺序发展，发展到目前水平用了二百多年时间。我们要后来居上，把'失去的二百年'找回来，决定了我国发展必然是一个'并联式'的过程，工业化、信息化、城镇化、农业现代化是叠加发展的"[②]，从而深刻阐述了

[①] 习近平.高举中国特色社会主义伟大旗帜 为全面建设社会主义现代化国家而团结奋斗：在中国共产党第二十次全国代表大会上的报告[N].人民日报，2022-10-26（1-2）.
[②] 中共中央文献研究室.习近平关于社会主义经济建设论述摘编[M].北京：中央文献出版社，2017：159.

中国式现代化的复杂性。2013 年 11 月,党的十八届三中全会通过的《中共中央关于全面深化改革若干重大问题的决定》提出,全面深化改革的总目标是完善和发展中国特色社会主义制度,推进国家治理体系和治理能力现代化。治理体系和治理能力的现代化因此被有些学者称为第五个现代化[①]。

2020 年以来,习近平总书记对中国式现代化的论述更加系统完整。2020 年 10 月 29 日,习近平总书记在党的十九届五中全会第二次全体会议上发表重要讲话,阐述了中国式现代化的五个基本特点,即人口规模巨大的现代化、全体人民共同富裕的现代化、物质文明和精神文明相协调的现代化、人与自然和谐共生的现代化、走和平发展道路的现代化,并指出"我国要坚定不移推进中国式现代化,以中国式现代化推进中华民族伟大复兴,不断为人类作出新的更大贡献"[②]。2021 年 7 月 1 日,习近平总书记在庆祝中国共产党成立 100 周年大会上的讲话中表示,"我们坚持和发展中国特色社会主义,推动物质文明、政治文明、精神文明、社会文明、生态文明协调发展,创造了中国式现代化新道路,创造了人类文明新形态"[③]。2021 年 7 月 6 日,习近平出席中国共产党与世界政党领导人峰会并发表主旨讲话,指出,"中国共产党将团

[①] 何星亮.中国式现代化的理论与现实意义[J].人民论坛,2022(21):6-9.
[②] 习近平.新发展阶段贯彻新发展理念必然要求构建新发展格局[J].求是,2022(17):4-17.
[③] 习近平.在庆祝中国共产党成立 100 周年大会上的讲话[N].人民日报,2021-07-02(2).

结带领中国人民深入推进中国式现代化,为人类对现代化道路的探索作出新贡献","现代化道路并没有固定模式,适合自己的才是最好的,不能削足适履。每个国家自主探索符合本国国情的现代化道路的努力都应该受到尊重"[①]。2021年11月11日,党的十九届六中全会审议通过《中共中央关于党的百年奋斗重大成就和历史经验的决议》,指出,"坚持和发展中国特色社会主义,总任务是实现社会主义现代化和中华民族伟大复兴,在全面建成小康社会的基础上,分两步走在本世纪中叶建成富强民主文明和谐美丽的社会主义现代化强国,以中国式现代化推进中华民族伟大复兴"[②]。2021年11月11日,习近平总书记在党的十九届六中全会第二次全体会议上发表讲话,进一步深刻阐述了中国式现代化与西方现代化的差别:"摒弃了西方以资本为中心的现代化、两极分化的现代化、物质主义膨胀的现代化、对外扩张掠夺的现代化老路,拓展了发展中国家走向现代化的途径,为人类对更好社会制度的探索提供了中国方案。"[③]2022年7月27日,习近平在省部级主要领导干部"学习习近平总书记重要讲话精神,迎接党的二十大"专题研讨班上发表重要讲话时强调:"我们推进

---

① 习近平.加强政党合作 共谋人民幸福:在中国共产党与世界政党领导人峰会上的主旨讲话[N].人民日报,2021-07-07(2).
② 中共中央关于党的百年奋斗重大成就和历史经验的决议[N].人民日报,2021-11-17(1,5).
③ 习近平.以史为鉴、开创未来 埋头苦干、勇毅前行[J].求是,2022(1):4-15.

的现代化,是中国共产党领导的社会主义现代化,必须坚持以中国式现代化推进中华民族伟大复兴,既不走封闭僵化的老路,也不走改旗易帜的邪路,坚持把国家和民族发展放在自己力量的基点上、把中国发展进步的命运牢牢掌握在自己手中。"[1]2022年10月17日,习近平在参加党的二十大广西代表团讨论时强调:"进入新时代以来,党对建设社会主义现代化国家在认识上不断深入、战略上不断成熟、实践上不断丰富,成功推进和拓展了中国式现代化。党的二十大报告阐述了中国式现代化的中国特色和本质要求。中国式现代化扎根中国大地,切合中国实际。"[2]10月23日,习近平在二十届中共中央政治局常委同中外记者见面时表示,"中国式现代化是中国共产党和中国人民长期实践探索的成果,是一项伟大而艰巨的事业。惟其艰巨,所以伟大;惟其艰巨,更显荣光"[3]。10月25日,习近平在二十届中共中央政治局就学习贯彻党的二十大精神进行第一次集体学习时指出:"要全面把握中国式现代化的中国特色、本质要求和必须牢牢把握的重大原则","深刻理解中国式现代化理论和全面建设社会主义现代化国家战略布局的关系,认识到前者是后者的理论支

---

[1] 高举中国特色社会主义伟大旗帜 奋力谱写全面建设社会主义现代化国家崭新篇章[N]. 人民日报, 2022-07-28(1, 2).

[2] 心往一处想劲往一处使推动中华民族伟大复兴号巨轮乘风破浪扬帆远航[N]. 人民日报, 2022-10-18(1).

[3] 习近平. 在二十届中央政治局常委同中外记者见面时的讲话[J]. 求是, 2022(22): 4-7.

撑，从而深刻理解全面建设社会主义现代化国家战略布局的科学性和必然性"①。2023年2月7日，习近平在学习贯彻党的二十大精神研讨班开班式上发表重要讲话，强调正确理解和大力推进中国式现代化②。

中国式现代化有着丰富的理论内涵和指导意义，它在新时代背景下，面对国际国内的复杂环境和全新挑战，以中国共产党人的现代化探索和实践为基础，具有与西方资本主义国家现代化完全不同的目标和路径，从而呈现出显著的发展性和主体性；它既阐述了现代化发展的一般规律，也指明了中国式现代化的特色所在，从而兼具一般性和特殊性；它强调了中国式现代化是中国共产党领导的现代化，是社会主义的现代化，明确了核心领导力量和旗帜所向，从而具有鲜明的政治性和方向性；它既是对中国共产党人探索中国现代化道路的理论总结，也是实现第二个百年奋斗目标并进而推进中华民族伟大复兴的行动指南，从而兼具历史性和未来性；它既是中国共产党人带领全国各族人民不断取得中国特色社会主义现代化事业成功的重要密码，也为全世界其他发展中国家找到适合自己的现代化道路提供了借鉴，从而兼具本土性和世界性意义。

中国式现代化是对中国共产党人结合中国国情，艰难探索中国式现代化道路的历史性总结。习近平总书记强调，"为

---

① 习近平.在二十届中央政治局第一次集体学习时的讲话[J].求是，2023（2）：4-9.
② 正确理解和大力推进中国式现代化[N].人民日报，2023-02-08（1）.

了这一事业,无数先辈筚路蓝缕、披荆斩棘,进行了艰苦卓绝的奋斗"[1]。新民主主义革命时期,实现了民族独立、人民解放,为实现现代化创造了根本社会条件;社会主义革命和建设时期,为现代化建设奠定了根本政治前提,提供了宝贵经验、理论准备、物质基础;改革开放和社会主义现代化建设新时期,为中国式现代化提供了充满新的活力的体制保证和快速发展的物质条件[2]。在中国共产党领导中国人民进行中国特色社会主义事业的历史观视角下,中国式现代化既具有延续性,又具有创新性,正是"在新中国成立特别是改革开放以来长期探索和实践基础上,经过党的十八大以来在理论和实践上的创新突破,我们党成功推进和拓展了中国式现代化"[3],并具体体现为:认识上不断深化,初步构建了中国式现代化的理论体系;战略上不断完善,为中国式现代化提供了坚实战略支撑;实践上不断丰富,为中国式现代化提供了更为完善的制度保证、更为坚实的物质基础、更为主动的精神力量[4]。

中国式现代化是努力实现第二个百年奋斗目标并进而实现中华民族伟大复兴的基本方略。党的二十大报告明确提出:"从现在起,中国共产党的中心任务就是团结带领全国各

---

[1] 习近平.在二十届中央政治局常委同中外记者见面时的讲话[J].求是,2022(22):4-7.
[2] 正确理解和大力推进中国式现代化[N].人民日报,2023-02-08(1).
[3] 习近平.为实现党的二十大确定的目标任务而团结奋斗[J].求是,2023(1):4-14.
[4] 正确理解和大力推进中国式现代化[N].人民日报,2023-02-08(1).

族人民全面建成社会主义现代化强国、实现第二个百年奋斗目标,以中国式现代化全面推进中华民族伟大复兴。"[1]无论是对中国式现代化特色的提炼,还是中国式现代化的本质要求,这些内容不仅是对历史探索的深刻总结,更是对未来事业的全面指导。毫无疑问,我们要建设的中国特色社会主义现代化强国一定是共同富裕的现代化国家,是物质文明和精神文明相协调的现代化国家,是人与自然和谐共生的现代化国家,是走和平发展道路的现代化国家。实践证明,"中国式现代化走得通、行得稳,是强国建设、民族复兴的唯一正确道路"[2]。

中国式现代化是马克思主义中国化、时代化的重要成果,是习近平新时代中国特色社会主义思想的重要内容。党的十八大以来,中国共产党勇于进行理论探索和创新,以全新的视野深化对共产党执政规律、社会主义建设规律、人类社会发展规律的认识,取得重大理论创新成果并集中体现为习近平新时代中国特色社会主义思想。一方面,从马克思主义中国化时代化的角度看,中国式现代化生成演进的历史进程与马克思主义中国化的三次理论飞跃之间存在很强的历史关联性[3],中国式现代化的核心内容亦与中华民族的古老观念和

---

[1] 习近平.高举中国特色社会主义伟大旗帜 为全面建设社会主义现代化国家而团结奋斗:在中国共产党第二十次全国代表大会上的报告[N].人民日报,2022-10-26(1-2).
[2] 正确理解和大力推进中国式现代化[N].人民日报,2023-02-08(1).
[3] 肖政军,杨凤城.论"中国式现代化"话语体系的历史生成、现实构建与未来展望[J].中国矿业大学学报(社会科学版),2022,24(6):1-16.

优秀文化传统血脉相承、高度契合[①]；另一方面，从习近平新时代中国特色社会主义思想体系的内容来看，其主要内容中所包括的"十个明确"之一就是"明确坚持和发展中国特色社会主义，总任务是实现社会主义现代化和中华民族伟大复兴，在全面建成小康社会的基础上，分两步走在本世纪中叶建成富强民主文明和谐美丽的社会主义现代化强国，以中国式现代化推进中华民族伟大复兴"。这段论述深刻阐述了中国式现代化与坚持中国特色社会主义、建设社会主义现代化强国以及推进中华民族伟大复兴之间的关系。

中国式现代化体现了全球范围内现代化理论的最新发展和实践。现代化本身就是一个在动态中不断发展的概念，时代变迁、环境更迭，现代化的内涵和目标自然也要发生变化，这也是现代化概念的张力所在。在全球经济社会环境发生重大变化的背景下，中国式现代化恰恰是"从当代中国和当今世界发展变化出发，经过审时度势、科学判断、深入思考提出来的"[②]，其中体现了中国作为一个负责任的大国，对时代发展新议题和现代化新内涵的深入思考与全面主张，它"打破了'现代化＝西方化'的迷思"[③]，"既切合中国实际，体现了社会主义建设规律，也体现了人类社会发展规律"[④]，"给世界

[①] 江畅.中国式现代化的必然性、合理性与正当性[J].求索，2023（1）：19-30.
[②] 习近平.更好把握和运用党的百年奋斗历史经验[J].求是，2022（13）：4-19.
[③] 正确理解和大力推进中国式现代化[N].人民日报，2023-02-08（1）.
[④] 习近平.新发展阶段贯彻新发展理念必然要求构建新发展格局[J].求是，2022（17）：4-17.

上那些既希望加快发展又希望保持自身独立性的国家和民族提供了全新选择"①，"是对全球现代化理论的重大创新"②。

中国式现代化是新时代中国与世界对话的重要话语体系。实现现代化是全世界各个国家的共同发展目标，提出中国式现代化，并不是对其他国家现代化道路的否定，更不是要从国际世界中抽身而出。习近平总书记强调，"要拓展世界眼光，坚持对外开放，积极学习借鉴世界各国现代化的成功经验，在交流互鉴中不断拓展中国式现代化的广度和深度"③。在全球发展的语境下，中国走出了"挨打"的境地，经济得到了快速的发展，却又遭遇"挨骂"的困境，从而需要有能与世界对接的话语体系。中国式现代化是既具有现代化共性，又具有反映现代化国家处境的国情个性的一个对等式表述④，从而兼顾了现代化的世界语境和中国情景，必将成为中国发展和崛起过程中与世界文明平等对话的重要话语体系。

---

① 中共中央关于党的百年奋斗重大成就和历史经验的决议[N].人民日报，2021-11-17(1，5).
② 习近平.在二十届中央政治局第一次集体学习时的讲话[J].求是，2023（2）：4-9.
③ 习近平.为实现党的二十大确定的目标任务而团结奋斗[J].求是，2023（1）：4-14.
④ 任剑涛.从现代化的规范含义理解"中国式现代化"[J].江汉论坛，2023（1）：5-14.

| 第二章 |

共同富裕：中国式现代化的重要特征

第一节 共同富裕：中国共产党人的坚定理想和目标

人类从原始社会进入奴隶社会之后，伴随着私有制的出现，人与人之间开始出现穷富之分，并进而演化成阶层分化甚至阶级对立，共同富裕因此成为千百年来人类的美好夙愿，也是"自古以来我国人民的一个基本理想"[①]。

《论语·季氏》中有"丘也闻有国有家者，不患寡而患不均，不患贫而患不安。盖均无贫，和无寡，安无倾"的记载。《管子·霸言》中有"以天下之财，利天下之人"的主张。《晏子春秋·内篇问上》提出了"权有无，均贫富，不以养嗜欲"

---

① 习近平.习近平谈治国理政：第2卷[M].北京：外文出版社，2017：214.

的思想。《礼记·礼运》云："大道之行也，天下为公。选贤与能，讲信修睦，故人不独亲其亲，不独子其子，使老有所终，壮有所用，幼有所长，矜寡孤独废疾者，皆有所养。"这些都是中国古代思想家对均贫富的理想憧憬。

近代以来，从太平天国的天朝田亩制度，到孙中山"天下为公"的理想和实践，历史的局限性决定了无论是改朝换代的农民运动，还是资产阶级革命，都无法实现中华民族对共同富裕美好生活的追求，而只有中国共产党人才能肩负起这样的历史使命。

中国共产党的主要创始人李大钊就认识到，社会主义"不是使人尽富或皆贫，是使生产、消费、分配适合的发展，人人均能享受平均的供给，得最大的幸福"[1]；陈独秀在《青年杂志》创刊之际也曾指出："财产私有制虽不克因之遽废，然各国之执政及富豪，恍然于贫富之度过差，决非社会之福"[2]。

毛泽东是共同富裕的首创者。1953年12月，毛泽东主持起草的《中国共产党中央委员会关于发展农业生产合作社的决议》首次提出了"共同富裕"的概念。该文件指出："为着进一步地提高农业生产力，党在农村中工作的最根本的任务，就是要善于用明白易懂而为农民所能够接受的道理和办法去教育和促进农民群众逐步联合组织起来，逐步实行

---

[1] 李大钊.李大钊全集：第4卷[M].北京：人民出版社，2006：196.
[2] 陈独秀.陈独秀文集：第1卷[M].北京：人民出版社，2013：99.

农业的社会主义改造，使农业能够由落后的小规模生产的个体经济变为先进的大规模生产的合作经济，以便逐步克服工业和农业这两个经济部门发展不相适应的矛盾，并使农民能够逐步完全摆脱贫困的状况而取得共同富裕和普遍繁荣的生活。"①该词一出，便立刻成为"热门词"。考据发现，党的历史文献和主要报纸、杂志在1953年以前未出现过"共同富裕"一词，而在1953年，这一词语在《人民日报》连续出现了12次，上述决议通过的12月就连续出现了9次②。

1955年10月，毛泽东在资本主义工商业社会主义改造问题座谈会上进一步指出："我们的目标是要使我国比现在大为发展，大为富、大为强。……我们实行这么一种制度，这么一种计划，是可以一年一年走向更富更强的，一年一年可以看到更富更强些，而这个富，是共同的富，这个强，是共同的强……这种共同富裕，是有把握的，不是什么今天不晓得明天的事。"③1955年11月22日，《全国工商联执委会会议告全国工商界书》这样写道："我们建设社会主义的目的，就是要大家有事做，有饭吃，大家共同富裕。"④第二年，全国工

---

① 中共中央文献研究室.建国以来重要文献选编:第4册[M].北京:中央文献出版社,2011:569-570.
② 孙业礼.共同富裕:六十年来几代领导人的探索和追寻[J].党的文献,2010(1):80-87.
③ 毛泽东.毛泽东文集:第6卷[M].北京:人民出版社,1999:495-496.
④ 全国工商联执委会会议告全国工商界书[N].人民日报,1955-11-22(1).

商界青年积极分子大会在致毛泽东的保证书中更是真诚地说："我们只有在中国共产党和您的教导下,才懂得了资本主义腐朽的本质和社会发展的必然趋势,而选择了使全国人民共同富裕的社会主义康庄大道。"[1]

毛泽东尤为注意贫富差距在农村的出现,他敏锐地观察到,"现在农村中存在的是富农的资本主义所有制和像汪洋大海一样的个体农民的所有制。大家已经看见,在最近几年中间,农村中的资本主义自发势力一天一天地在发展,新富农已经到处出现,许多富裕中农力求把自己变为富农。许多贫农,则因为生产资料不足,仍然处于贫困地位,有些人欠了债,有些人出卖土地,或者出租土地。这种情况如果让它发展下去,农村中向两极分化的现象必然一天一天地严重起来"[2]。针对此,毛泽东的解决思路是,一方面发展工业,因为"在农业国的基础上,是谈不上什么强的,也谈不上什么富的"[3];另一方面对农业进行社会主义改造,"实行合作化,在农村中消灭富农经济制度和个体经济制度,使全体农村人民共同富裕起来"[4]。

邓小平将共同富裕确定为社会主义的根本原则,并提出

---

[1] 全国工商界青年积极分子大会致毛主席的保证书 [N]. 人民日报,1956-03-01(1).
[2] 毛泽东. 毛泽东文集:第6卷 [M]. 北京:人民出版社,1999:437.
[3] 毛泽东. 毛泽东文集:第6卷 [M]. 北京:人民出版社,1999:495.
[4] 毛泽东. 毛泽东文集:第6卷 [M]. 北京:人民出版社,1999:437.

了让一部分人先富起来，先富带动后富的路线图。1978年12月13日，邓小平在《解放思想，实事求是，团结一致向前看》的讲话中表示："在经济政策上，我认为要允许一部分地区、一部分企业、一部分工人农民，由于辛勤努力成绩大而收入先多一些，生活先好起来。一部分人生活先好起来，就必然产生极大的示范力量，影响左邻右舍，带动其他地区、其他单位的人们向他们学习。这样，就会使整个国民经济不断地波浪式地向前发展，使全国各族人民都能比较快地富裕起来。"[1] 这是"先富带后富"思想的雏形。1985年3月7日，邓小平在全国科技工作会议上的即兴讲话中提出："社会主义的目的就是要全国人民共同富裕，不是两极分化……我们提倡一部分地区先富裕起来，是为了激励和带动其他地区也富裕起来，并且使先富裕起来的地区帮助落后的地区更好地发展。提倡人民中有一部分人先富裕起来，也是同样的道理……总之，一个公有制占主体，一个共同富裕，这是我们所必须坚持的社会主义的根本原则。"[2] 之后，邓小平又在多个场合表达和强调过上述观点。整体地理解这段话，就能清晰地辨析两组基本关系：其一，共同富裕与社会主义的关系，即共同富裕是社会主义的根本原则和本质要求。他不断强调，

---

[1] 邓小平. 邓小平文选：第2卷[M]. 北京：人民出版社，1994：152.
[2] 邓小平. 邓小平文选：第3卷[M]. 北京：人民出版社，1993：110-111.

"社会主义与资本主义不同的特点就是共同富裕"[1],"社会主义财富属于人民,社会主义的致富是全民共同致富"[2],"社会主义最大的优越性就是共同富裕,这是体现社会主义本质的一个东西"[3],最终将其精练概括为"社会主义的本质,是解放生产力,发展生产力,消灭剥削,消除两极分化,最终达到共同富裕"[4]。其二,先富和后富的关系,总体而言,先富是手段,共富是目的。在处理两者关系时要在不同阶段服从不同的"大局":"沿海地区要加快对外开放,使这个拥有两亿人口的广大地带较快地先发展起来,从而带动内地更好地发展,这是一个事关大局的问题。内地要顾全这个大局。反过来,发展到一定的时候,又要求沿海拿出更多力量来帮助内地发展,这也是个大局。那时沿海也要服从这个大局。"[5]尤其是对于先富裕的地区而言,"先进地区帮助落后地区是一个义务"[6]。他深刻地认识到,"共同致富,我们从改革一开始就讲,将来总有一天要成为中心课题"[7]。

江泽民提出,"逐步实现全体人民共同富裕。这是历史唯

---

[1] 邓小平.邓小平文选:第3卷[M].北京:人民出版社,1993:123.
[2] 邓小平.邓小平文选:第3卷[M].北京:人民出版社,1993:172.
[3] 邓小平.邓小平文选:第3卷[M].北京:人民出版社,1993:364.
[4] 邓小平.邓小平文选:第3卷[M].北京:人民出版社,1993:373.
[5] 邓小平.邓小平文选:第3卷[M].北京:人民出版社,1993:277-278.
[6] 邓小平.邓小平文选:第3卷[M].北京:人民出版社,1993:155.
[7] 邓小平.邓小平文选:第3卷[M].北京:人民出版社,1993:364.

物主义的真谛"①。在党的十六大报告中谈及全面贯彻"三个代表"重要思想时，江泽民强调指出，"基本着眼点是要代表最广大人民的根本利益，正确反映和兼顾不同方面群众的利益，使全体人民朝着共同富裕的方向稳步前进"②。在建立社会主义市场经济，加快收入分配体制改革的过程中，他要求"正确处理一次分配和二次分配的关系，在经济发展的基础上普遍提高居民收入水平，逐步形成一个高收入人群和低收入人群占少数、中等收入人群占大多数的'两头小、中间大'的分配格局，使人民共享经济繁荣成果"③。

胡锦涛提出的科学发展观的核心是以人为本。他认为，"要始终把实现好、维护好、发展好最广大人民的根本利益作为党和国家一切工作的出发点和落脚点……走共同富裕道路，促进人的全面发展，做到发展为了人民、发展依靠人民、发展成果由人民共享"④。他强调，要"在促进发展的同时，把维护社会公平放到更加突出的位置，综合运用多种手段，依法逐步建立以权利公平、机会公平、规则公平、分配公平为主要内容的社会公平保障体系，使全体人民共享改革发展的成果，使全体人

---

① 江泽民.江泽民文选：第 3 卷 [M].北京：人民出版社，2006：132.
② 江泽民.江泽民文选：第 3 卷 [M].北京：人民出版社，2006：540.
③ 江泽民.论社会主义市场经济 [M].北京：中央文献出版社，2006：583.
④ 中共中央文献研究室.十七大以来重要文献选编：上 [M].北京：中央文献出版社，2009：12.

民朝着共同富裕的方向稳步前进"①。他提出并实施的振兴东北、西部大开发、中部崛起和新农村建设等重大战略,都体现了统筹发展、协调发展等指向共同富裕的指导思想。

综上,中国共产党人一直将共同富裕作为坚定的理想和明确的目标,不仅将其明确为社会主义的本质,而且结合中国的发展阶段和基本国情,谋划了实现共同富裕的路线图并不断向前推进。

第二节 扎实推进共同富裕:新时代的新要求

2017年10月,党的十九大报告做出重要历史判断,"经过长期努力,中国特色社会主义进入了新时代,这是我国发展新的历史方位"。在对新时代特点的描述中,其中一点就是"全国各族人民团结奋斗、不断创造美好生活、逐步实现全体人民共同富裕的时代",并要求从2020年到2035年,全体人民共同富裕迈出坚实步伐;到21世纪中叶,全体人民共同富裕基本实现。因此,"现在,已经到了扎实推动共同富

---

① 中共中央文献研究室.十六大以来重要文献选编:中[M].北京:中央文献出版社,2006:712.

裕的历史阶段"[1]。2020年10月，党的十九届五中全会审议通过《中共中央关于制定国民经济和社会发展第十四个五年规划和二〇三五年远景目标的建议》，提出了2035年基本实现社会主义现代化的基本特征和主要任务：到2035年，人均国内生产总值达到中等发达国家水平，中等收入群体显著扩大，基本公共服务实现均等化，城乡区域发展差距和居民生活水平差距显著缩小，全体人民共同富裕取得更为明显的实质性进展，基本实现社会主义现代化远景目标。习近平总书记在《关于〈中共中央关于制定国民经济和社会发展第十四个五年规划和二〇三五年远景目标的建议〉的说明》中指出，"我们必须把促进全体人民共同富裕摆在更加重要的位置，脚踏实地，久久为功，向着这个目标更加积极有为地进行努力"。他特别强调，"这样表述，在党的全会文件中还是第一次"[2]。2022年，党的二十大报告将全体人民共同富裕作为中国式现代化的五大特征之一和九项本质要求之一。进入新时代以来，习近平总书记在继续强调共同富裕是社会主义本质要求的同时，在多个重要场合专门对扎实推进共同富裕的内涵、原则和路径做出了系统论述，党中央对扎实推进共同富裕做出了系统谋划和长远安排，对共同富裕的认识不断深入：

---

[1] 习近平.扎实推动共同富裕[J].求是，2021（20）：4-8.
[2] 习近平.关于《中共中央关于制定国民经济和社会发展第十四个五年规划和二〇三五年远景目标的建议》的说明[N].人民日报，2020-11-04（2）.

其一，凝练了共同富裕的思想来路和理念呈现。一方面，明确目标是思想指引的结果，目标的实现则需要理念的更新和支撑。坚持以人民为中心是习近平新时代中国特色社会主义思想的重要内容，共同富裕是发展目标，也是以人民为中心的发展思想的重要呈现。无论是坚持以人民为中心，还是实现全体人民共同富裕，人民都既是主体，也是客体。党的二十大胜利召开后，习近平总书记就要求"全党要按照党的二十大部署，进一步贯彻以人民为中心的发展思想，把促进全体人民共同富裕摆在更加突出的位置"[1]。2021年11月11日，党的十九届六中全会通过的《中共中央关于党的百年奋斗重大成就和历史经验的决议》在有关中国共产党百年奋斗的历史经验的论述中也提及，"我们始终坚持全心全意为人民服务的根本宗旨……坚定不移走全体人民共同富裕道路"。另一方面，伟大的目标需要有具体的理念和原则来予以支撑。2015年，党的十八届五中全会明确了"创新、协调、绿色、开放、共享"的新发展理念。十八届五中全会公报提出，"坚持共享发展，必须坚持发展为了人民、发展依靠人民、发展成果由人民共享……朝着共同富裕方向稳步前进"。习近平总书记在阐释共享理念时表示，"共享理念实质就是坚持以人民为中心的发展思想，体现的是逐步实现共同富裕的要求"[2]。全民共享、全面共享、共建共享

---

[1] 习近平.为实现党的二十大确定的目标任务而团结奋斗[J].求是，2023（1）：4-14.
[2] 习近平.深入理解新发展理念[J].求是，2019（10）：4-16.

和渐进共享四个方面对共同富裕的对象、内容、动力以及路径也都具有很强的指导性。反过来,"进入新发展阶段,完整、准确、全面贯彻新发展理念,必须更加注重共同富裕问题"①。简而言之,共享的新发展理念要求扎实推进共同富裕,共同富裕的实现则有赖于贯彻落实共享的新理念。

其二,更加明确了共同富裕的性质。中国共产党人一直强调共同富裕是社会主义的本质要求,将共同富裕与社会主义制度紧密结合。习近平总书记在此基础上进一步提出,共同富裕是中国式现代化的重要特征②。这使得具有典型中国语境特色的共同富裕不仅彰显社会主义的性质,而且成为全球范围内现代化发展之中国篇章和中国路径的重要标识,从而更加具有世界性。在国家发展的视角下,习近平总书记提出:"实现共同富裕不仅是经济问题,而且是关系党的执政基础的重大政治问题。我们决不能允许贫富差距越来越大、穷者愈穷富者愈富,决不能在富的人和穷的人之间出现一道不可逾越的鸿沟。"③此前,我们更多强调共同富裕的经济维度,上述论述则进一步指出了共同富裕的政治属性。恰恰是因为共同富裕兼具经济属性和政治属性,所以其成为国家各领域发展

---

① 习近平.全党必须完整、准确、全面贯彻新发展理念[J].求是,2022(16):4-9.
② 习近平.扎实推动共同富裕[J].求是,2021(20):4-8.
③ 习近平.把握新发展阶段,贯彻新发展理念,构建新发展格局[J].求是,2021(9):4-18.

的一个重要标尺。例如，习近平总书记在有关民族工作的讲话中指出：一方面，"必须坚持和完善民族区域自治制度，确保党中央政令畅通……支持各民族发展经济、改善民生，实现共同发展、共同富裕"；另一方面，"民族地区要立足资源禀赋、发展条件、比较优势等实际，找准把握新发展阶段、贯彻新发展理念、融入新发展格局、实现高质量发展、促进共同富裕的切入点和发力点"[①]。

其三，界定了共同富裕的内涵，丰富了共同富裕的内容。什么是共同富裕，如何衡量共同富裕，学界众说纷纭。2021年5月20日，《中共中央国务院关于支持浙江高质量发展建设共同富裕示范区的意见》中对共同富裕概念下了一个定义："共同富裕具有鲜明的时代特征和中国特色，是全体人民通过辛勤劳动和相互帮助，普遍达到生活富裕富足、精神自信自强、环境宜居宜业、社会和谐和睦、公共服务普及普惠，实现人的全面发展和社会全面进步，共享改革发展成果和幸福美好生活。"习近平总书记尤其强调的是，共同富裕"是人民群众物质生活和精神生活都富裕"[②]，用马克思有关人的自由和全面发展的思想丰富了共同富裕的内容。

其四，谋划了促进共同富裕的原则和思路。2021年8月

---

① 以铸牢中华民族共同体意识为主线 推动新时代党的民族工作高质量发展[N].人民日报，2021-08-29（1）.
② 习近平.扎实推动共同富裕[J].求是，2021（20）：4-8.

17日，习近平总书记在中央财经委员会第十次会议上围绕扎实推动共同富裕做了重要讲话。他在讲话中提出了促进共同富裕的四个原则，即鼓励勤劳创新致富、坚持基本经济制度、尽力而为量力而行、坚持循序渐进[1]，澄清了很多对共同富裕之目标和实现方式的误读和误解。共同富裕重在调节增量，而不是"劫富济贫"；共同富裕是要更好处理生产与分配的关系，更充分地发挥分配对生产的反作用，而绝不是忽视生产和总量提升；共同富裕不是要超越经济发展阶段搞"福利赶超"，而是要在共建中实现共享，在可持续的约束条件下提升保障水平；共同富裕也不是所有地区达到同样的富裕水平，或者不同地区齐头并进，而是时间上有先后、程度上有高低的渐进式、差别性共同富裕。"总的思路是，坚持以人民为中心的发展思想，在高质量发展中促进共同富裕，正确处理效率和公平的关系，构建初次分配、再分配、三次分配协调配套的基础性制度安排，加大税收、社保、转移支付等调节力度并提高精准性，扩大中等收入群体比重，增加低收入群体收入，合理调节高收入，取缔非法收入，形成中间大、两头小的橄榄型分配结构，促进社会公平正义，促进人的全面发展，使全体人民朝着共同富裕目标扎实迈进。"[2] "促进全体人民共同富裕是一项长期任务，也是一项现实任务，急不得，

---

[1] 习近平.扎实推动共同富裕[J].求是，2021（20）：4-8.
[2] 习近平.扎实推动共同富裕[J].求是，2021（20）：4-8.

也等不得"①,"要根据现有条件把能做的事情尽量做起来,积小胜为大胜,不断朝着全体人民共同富裕的目标前进"②。

其五,勾勒了共同富裕的评价标准。在经济发展水平总体较低的情况下,共同富裕只能是目标和蓝图,而进入新发展阶段之后,无论是物质基础,还是国民诉求,都要求共同富裕能够取得实质性的进展,要有具体的呈现,要能转化为老百姓的获得感、幸福感和安全感,"让人民群众真真切切感受到共同富裕不仅仅是一个口号,而是看得见、摸得着、真实可感的事实"③。因此,自党中央提出扎实推进共同富裕以来,在"五位一体"总体布局中,在以改善人民生活品质、提高民众福祉水平为目标的社会建设中,"突出强调了'扎实推动共同富裕',提出了一些重要要求和重大举措"④,要求"在幼有所育、学有所教、劳有所得、病有所医、老有所养、住有所居、弱有所扶上不断取得新进展,让实现全体人民共同富裕在广大人民现实生活中更加充分地展示出来"⑤。从实现共同富裕的整体过程来看,既需要高质量的经济发展提供

---

① 习近平.全党必须完整、准确、全面贯彻新发展理念[J].求是,2022(16):4-9.
② 习近平.深入理解新发展理念[J].求是,2019(10):4-16.
③ 习近平.把握新发展阶段,贯彻新发展理念,构建新发展格局[J].求是,2021(9):4-18.
④ 习近平:关于《中共中央关于制定国民经济和社会发展第十四个五年规划和二〇三五年远景目标的建议》的说明[N].人民日报,2020-11-04(2).
⑤ 习近平.在第十三届全国人民代表大会第一次会议上的讲话[J].求是,2020(10):4-11.

更加坚实的物质基础，也需要更加合理和精准的再分配措施，还需要提高公共服务的均等化程度等完善民生保障体系的一整套行动方案；从共同富裕的评价标准来看，则要以是否缩小了地区之间、群体之间在收入、财产、支出以及公共服务获得方面的差距为核心评价标准。

第三节　中国式现代化视域下的共同富裕

一、共同富裕与中国式现代化的内在联系

无论是中国式现代化，还是扎实推进共同富裕，都是中国特色社会主义事业发展进入新时代后的必然要求，都构成了习近平新时代中国特色社会主义思想的有机内容。习近平总书记曾指出："共同富裕本身就是社会主义现代化的一个重要目标。我们不能等实现了现代化再来解决共同富裕问题，而是要始终把满足人民对美好生活的新期待作为发展的出发点和落脚点，在实现现代化过程中不断地、逐步地解决好这个问题。"[1]

---

[1] 习近平.全党必须完整、准确、全面贯彻新发展理念[J].求是，2022（16）：4-9.

中国式现代化和扎实推进共同富裕，都是新时代社会主要矛盾发生变化的背景下的重要战略布局，现代化是具有强烈时空观的概念，当社会主要矛盾发生变化时，现代化的内容和实现方式自然也要发生变化，而扎实推进共同富裕就是解决社会主要矛盾的重要举措。

它们都是马克思主义中国化时代化的重要成果，中国式现代化回答了在科学社会主义思想指导下，社会主义大国如何推进现代化的问题，扎实推进共同富裕则是马克思畅想的"所有人共同享受大家创造出来的福利"[①]在中国的现实版本。

它们都是中国特色社会主义的本质要求，社会主义构成了两者的基本制度背景，都是科学社会主义最新的生动实践，中国式的现代化是社会主义的现代化[②]，是社会主义国家探索现代化道路的积极尝试和有效方案，共同富裕更是社会主义的本质要求，是社会主义优于资本主义的集中体现。

它们都需要中国共产党的坚强领导，中国共产党马克思主义政党的属性和"为人民谋幸福、为民族谋复兴"的初心使命决定了其必然要扎实推进并最终实现共同富裕，中国共产党与时俱进的精神品格和实事求是的工作作风决定了其必须要结合中国国情探索中国式现代化道路。

它们都共同指向人的自由全面发展和中华民族伟大复兴

---

① 马克思，恩格斯. 马克思恩格斯文集：第1卷 [M]. 北京：人民出版社，2009：689.
② 陶文昭. 中国式现代化的伟大创造 [J]. 中国高校社会科学，2022（5）：22-29，157.

的历史伟业，中国式现代化是指向人、服务于人的现代化，是以人为中心的现代化，共同富裕更是全体人民的共同富裕，不能落下任何一个人。因此，缺少共同富裕向度的现代化就缺少了马克思主义的精髓[1]。

从现代化发展史的角度看，西方资本主义国家现代化的内涵中显然并不包括共同富裕，而只有社会主义国家的现代化进程才可能具有对共同富裕的内生性诉求，换言之，现代化与社会主义的结合，才有可能产生共同富裕的结果。社会主义赋予了现代化共同富裕的新内涵，社会主义国家需要在现代化建设的进程中迈向共同富裕。当然，这并不是一个自然实现的过程，而必然会面临诸多困难。有研究指出，通过寻求和聚集发展动力，推动国家经济起飞，解决贫困和基本生活问题，是现代化所要求的第一次转型；而在持续发展的基础上建立公正社会和法治体系，由相对粗放的经济增长转变为精准化的公平分配和共同富裕，则是现代化所要求的第二次转型。实现第一次转型相对容易，而实现第二次转型则更加困难[2]。

当现代化与共同富裕这两个美好愿景在新时代的中国场景下相遇时，必然会形成一幅波澜壮阔的新景象。中国式现

---

[1] 吴忠民. 中国式现代化的关键：超越"资本至上陷阱"和"福利过度陷阱"[J]. 探索与争鸣，2022（3）：29-45，177.
[2] 任剑涛. 发展结构之变："共同富裕"的宏观论题[J]. 理论探讨，2022（3）：2，28-38.

代化理论,是党的二十大的一个重大理论创新。党的二十大报告"概括形成中国式现代化的中国特色、本质要求和重大原则,初步构建中国式现代化的理论体系,使中国式现代化更加清晰、更加科学、更加可感可行"[①]。共同富裕是中国式现代化的重要特征之一,也是中国式现代化的本质要求之一,从而有必要在中国式现代化的理论视域下审视共同富裕的时代内涵。

二、中国式现代化五大特征中的共同富裕

党的二十大报告总结了中国式现代化的五个基本特征,即人口规模巨大的现代化、全体人民共同富裕的现代化、物质文明和精神文明相协调的现代化、人与自然和谐共生的现代化、走和平发展道路的现代化。这五大特征共同构成了中国式现代化的"中国底色",从而既需要理解它们共同构成的总体要求,也有必要深入研究它们之间的内在关系。

人口规模巨大决定了共同富裕的直接指向和难度所在。如前所述,人既是共同富裕的主体,也是共同富裕的客体,为共同富裕提供经济基础的物质资料生产需要依靠人,而共

---

① 正确理解和大力推进中国式现代化 [N]. 人民日报, 2023-02-08(1).

同富裕的最终目的也是实现人的全面发展；人既有物质层面的生活需要，也有精神层面的价值追求，因此共同富裕需要实现物质文明和精神文明相协调；等等。人口规模巨大是中国的基本国情，虽然2022年已经出现了人口的负增长，但中国人口基数大是不争的事实，在一个拥有14亿多人口的国家实现现代化显然面临更大的困难和挑战。根据联合国经济和社会事务部人口司《世界人口展望2022》的数据，2021年高收入国家人口合计12.45亿人，较发达地区人口合计12.76亿人[1]，也即我国人口总量比高收入国家或较发达地区还要多1亿多人。有关现代化水平与人口规模的关系的研究表明，现代化水平较高的国家人口规模都相对较小，而人口规模较大的国家往往难以达到较高的现代化水平，人口规模和综合现代化指数的相关系数为−0.05。在一个人口大国实现现代化的艰巨性不言而喻[2]。更为重要的是，中国不仅人口规模巨大，而且具有很多结构性的特征，包括城镇化率快速提高、老龄化程度不断提升、出生率持续下降、家庭规模显著缩小等，这些都构成了实现共同富裕的重要人口背景。城镇化率的提高既有利于实现国民收入整体水平的提高，也易导致城乡间居民收入差距的扩大；老年人口占比的上升和总体养老金水

---

[1] 联合国. 世界人口展望2022[EB/OL].[2023–02–22]. https：//population.un.org/wpp/.
[2] 段成荣，黄凡. 准确定位新时代人口国情助力中国式现代化建设[J]. 人口与经济，2023（1）：19-25.

平的相对有限,成为代际收入分配差距的潜在致因;家庭规模的缩小使得传统的家庭内部转移支付规模也可能随之下降,这种非正式制度的调节功能无法继续充分发挥作用;等等。总之,在一个人口规模巨大、人口结构剧烈变化的大国推进现代化,西方现代化理论必然无法给出答案[①]。

物质文明和精神文明相协调丰富了共同富裕的核心内容。在党的二十大报告有关中国式现代化的描述中,物质文明和精神文明相协调,与共同富裕一样,既出现在对中国式现代化的特征的总结中,也出现在中国式现代化的本质要求中,从而充分说明了其重要性。习近平总书记在有关共同富裕的论述中,也特别强调要促进人民精神生活共同富裕[②]。由此可见,两者之间存在密切的互嵌关系,在中国式现代化的语义下,它们都是其重要特征之一;在共同富裕的语境下,物质文明和精神文明都是共同富裕的重要内容;在物质文明和精神文明发展的语境下,它们又都共同指向共同富裕的目标。

人与自然和谐共生形成了对共同富裕的环境要求。人与自然和谐共生是生态文明建设的基本要求,是在对西方国家"先污染、后治理,先破坏、再修复"之道路深刻反思的基础上提出的中国式现代化的重要特征之一。人与自然和谐共

[①] 唐亚林,郝文强.人类文明新形态视野下中国式现代化的范式建构与路径选择[J].新疆师范大学学报(哲学社会科学版),2023,44(2):2,40-51.
[②] 习近平.扎实推动共同富裕[J].求是,2021(20):4-8.

生，虽然看似与共同富裕没有直接关系，但实质上亦有密切的联系。一方面，如果说共同富裕是在生产关系层面上对群体之间发展差距的合理调整，那么人与自然的关系则是在生产力层面从生产资料角度对自然资源的重新审视。习近平总书记"绿水青山就是金山银山"的金句，就从本质上阐释了以绿色为指向的经济发展方式的转变，将对自然资源的肆意消耗转变为对自然资源的有效保护，将经济发展对自然环境的破坏转变为通过保护自然环境来实现绿色发展。以资源为基础的生产力发展的结果即物质产出总量，必然会影响到可供分配的资源，从而进一步影响分配的结果。在以环境遭到破坏或资源被肆意消耗为代价的经济增长方式下，对自然资源的占有程度必然会影响分配结果并导致不公，老百姓对部分资源垄断行业高收入的不满就是直接体现。因此，虽然共同富裕要求物质资料生产日益丰富，但却绝对不能以环境遭到破坏作为代价。另一方面，以人与自然和谐共生为目标的产业转型亦会对共同富裕目标的实现带来挑战。生态环境的恶化会带来新的社会风险，从而对人们的收入及其稳定性带来挑战[1]，而由此带来的产业转型亦有可能使有关传统行业的劳动者因失去工作机会而面临收入困境，从而需要指向共同富裕的社会政策予以积极应对。除此之外，习近平总书记还

---

[1] 刘涛，孙丽.生态社会政策与福利国家的"绿"化：开启社会保障研究的新视野[J].山东行政学院学报，2021（3）：40-49.

指出,"良好生态环境是最普惠的民生福祉"①。从这个意义上说,生态文明建设和共同富裕都具有全民指向性,而良好的环境亦构成了人民群众广义上物质生活质量的重要组成部分。总之,人与自然和谐共生是对人类发展过程中人与自然关系的重新审视,共同富裕是对人类发展过程中人与人关系的理想描述,虽然各有所指,但亦有殊途同归之处。

走和平发展道路为共同富裕赋予了潜在的世界意义。作为中国式现代化的重要特征,共同富裕主要指向主权国家范围内,但在人类命运共同体和走和平发展道路的视野下,共同富裕同样具有世界意义。一方面,中国式现代化是在全球化背景下的现代化道路新探索,它绝不意味着中国要脱离世界秩序,反而更需要主动回应全球贸易体系的系统变革,为中国式现代化创造友好的国际环境②。中国式现代化最终指向创造新的文明形态,而"构建人类命运共同体,不是以一种制度代替另一种制度,不是以一种文明代替另一种文明,而是不同社会制度、不同意识形态、不同历史文化、不同发展水平的国家在国际事务中利益共生、权利共享、责任共担,形成建设美好世界的最大公约数"③。另一方面,共同富裕也可

---

① 习近平. 推动我国生态文明建设迈上新台阶 [J]. 求是,2019(3):4-19.
② 唐亚林,郝文强. 人类文明新形态视野下中国式现代化的范式建构与路径选择 [J]. 新疆师范大学学报(哲学社会科学版),2023,44(2):2,40-51.
③ 习近平. 习近平重要讲话单行本(2021年合订本)[M]. 北京:人民出版社,2022:136-137.

以指向不同的主权国家,从而成为人类命运共同体的有机组成部分和重要目标取向。习近平在在第二届联合国全球可持续交通大会开幕式上的讲话中提出,"坚持共同发展,促进公平普惠。各国一起发展才是真发展,大家共同富裕才是真富裕"[1];在在亚太经合组织第二十九次领导人非正式会议上的讲话中表示,要"坚持开放包容,建设共同富裕的亚太"[2];在出席中非领导人与工商界代表高层对话会暨第六届中非企业家大会开幕式发表主旨演讲时又提到,"非洲人口占世界人口六分之一。实现包括非洲人民在内的各国人民共同富裕,是推动构建人类命运共同体的重要内容"[3]。以"一带一路"的建设为例,2022年中国企业在"一带一路"沿线国家非金融类直接投资达1 410.5亿元人民币,较上年增长7.7%,与"一带一路"沿线国家新签对外承包工程项目合同5 514份,新签合同额8 718.4亿元人民币[4]。

综上,在扎实推进共同富裕的过程中,我们既要看到共同富裕事业自身所要处理好的若干重大关系,更需要在中国

---

[1] 习近平.与世界相交 与时代相通 在可持续发展道路上阔步前行:在第二届联合国全球可持续交通大会开幕式上的主旨讲话[N].人民日报,2021-10-15(2).
[2] 习近平.团结合作勇担责任 构建亚太命运共同体:在亚太经合组织第二十九次领导人非正式会议上的讲话[N].人民日报,2022-11-19(2).
[3] 裴广江,王云松.习近平出席中非领导人与工商界代表高层对话会暨第六届中非企业家大会开幕式并发表主旨演讲[N].人民日报,2018-09-04(1,2).
[4] 2022年我对"一带一路"沿线国家投资合作情况[R/OL].(2023-02-13)[2023-02-22].http://fec.mofcom.gov.cn/article/fwydyl/tjsj/202302/20230203384457.shtml.

式现代化的视野下深刻理解共同富裕与中国式现代化其他特征以及本质要求之间的关系。唯有如此,才能真正准确理解共同富裕在以中国式现代化促进中华民族伟大复兴事业中的重要地位和全面功能。

| 第三章 |

中国的共同富裕：进展、问题与宏观思路

第一节 共同富裕取得的进展

一、经济基础日益雄厚，为共同富裕提供了财富之源

改革开放以来，我国经济持续稳定发展，为实现全体人民共同富裕奠定了物质基础。2022年国内生产总值超过121万亿元，占全球经济的比重由2012年的11.4%上升到18%以上，对世界经济增长的贡献率保持在30%左右。根据世界银行的数据，2008年中国经济总量占美国的比例突破30%，2010年突破40%，2012年突破50%，2014年突

破 60%，2020 年突破 70%[①]。2022 年，我国人均国内生产总值达到 8.57 万元，约合 1.25 万美元，接近高收入国家门槛。2012—2022 年，我国城镇化率由 53.1% 上升到 65.2%，城乡居民人均可支配收入比值由 2.88 降至 2.45，居民收入基尼系数由 0.474 降至 0.466[②]，城乡居民恩格尔系数分别从 2012 年的 32%、35.9% 下降到 2022 年的 29.5% 和 33%，已属于富裕型消费结构[③]。

国家财政调控能力进一步提高。财政支出是调节分配格局、缩小区域差距的重要手段。2012—2021 年，全国一般公共预算收入从 11.73 万亿元增长到 20.25 万亿元，年均增长 6.3%，2022 年全国一般公共预算收入达到 20.37 万亿元。全国财政支出规模逐年扩大，全国一般公共预算支出从 2012 年的 12.60 万亿元增长到 2021 年的 24.63 万亿元，年均增长 7.7%，2022 年全国一般公共预算支出达到 26.06 万亿元。在财政支出结构上，重点向民生领域倾斜，2012—2021 年，国家财政性教育经费从 2.12 万亿元增长到 3.82 万亿元，社会保障和就业支出从 1.26 万亿元增长到 3.44 万亿元，卫生健康支

---

① 中国式现代化研究课题组. 中国式现代化的理论认识、经济前景与战略任务 [J]. 经济研究，2022，57（8）：26-39.
② 城镇化率和人均可支配收入来自历年中国统计年鉴，基尼系数为 2012 年和 2021 年的数据。
③ 胡鞍钢，周绍杰. 2035 中国：迈向共同富裕 [J]. 北京工业大学学报（社会科学版），2022，22（1）：1-22.

出从 8 058 亿元增长到 18 659 亿元。为促进区域之间经济均衡发展和提高公共服务均等化程度，财政转移支付规模稳步上升，2012—2022 年，中央对地方的转移支付（含税收返还）从 4.54 万亿元增加到 9.87 万亿元，并向财政困难地区和欠发达地区倾斜[1]。

区域经济发展更加协调。在振兴东北、西部大开发、中部崛起等区域振兴战略，以及京津冀协同发展、粤港澳大湾区建设、长三角一体化等区域协调发展战略的支持下，我国的区域经济发展协调程度明显提高，区域之间经济发展差距呈现缩小态势。2022 年，中部和西部地区生产总值分别达到 26.65 万亿元、25.7 万亿元，占全国的比重分别由 2012 年的 21.3%、19.6% 提高到 2022 年的 22%、21.2%[2]；中部、西部地区经济增速连续多年高于东部地区；东部与中部、西部人均地区生产总值之比分别从 2012 年的 1.69、1.87 下降至 2021 年的 1.53、1.68。东部、东北、中部与西部地区居民人均可支配收入之比分别从 2013 年的 1.7、1.29、1.1 下降至 2021 年的 1.63、1.11、1.07。中西部地区人均社会消费品零售总额增速快于东部地区，东部地区产业持续向中西部地区

---

[1] 中共中央宣传部举行财税改革与发展有关情况发布会 [EB/OL].（2022-05-12）[2023-03-07].http://www.scio.gov.cn/xwfbh/xwbfbh/wqfbh/47673/48284/index.htm. 其中 2022 年数据为预算数。
[2] 根据 2022 年国民经济和社会发展统计公报中的数据计算所得。

转移，中西部地区就业机会和吸引力不断增加和增强，农民工跨省迁移数量明显减少。资源型地区转型发展深入推进，资源型城市资源产出率累计提高超过 36%。区域协调发展指数从 2012 年的 100 提高到 2020 年的 118.59[①]。

二、脱贫攻坚取得胜利，为共同富裕打下了坚实基础

贫困是全世界发展面临的共同问题，从总体上解决绝对贫困问题是迈向共同富裕的前提条件。20 世纪 80 年代，我国开启了以扶贫开发为主要方略、以贫困县为主要对象的贫困治理之路。这一时期的反贫困虽然取得了一定的效果，但是开发式扶贫主要采取输血式的经济支持政策，而以区域为瞄准对象则不免会产生大水漫灌的问题。2012 年，中国的贫困发生率为 10.3%，农村贫困人口还有 9 899 万人，部分深度贫困地区致贫原因复杂，脱贫难度极大。

十八大召开后不久，习近平总书记就指出"小康不小康，关键看老乡，关键看贫困的老乡能不能脱贫"。2013 年，习

---

① 国家发展改革委新闻发布会介绍区域协调发展有关工作情况 [R/OL].（2022-09-20）[2023-03-07].https：//www.ndrc.gov.cn/xwdt/wszb/jsqyxtfzyggzqk/?code=&state=123；区域协调发展指数发布 我国区域协调发展取得显著成效 [EB/OL].（2022-09-20）[2023-03-07].https：//www.ndrc.gov.cn/fzggw/jgsj/dqs/sjdt/202111/t20211118_1304328.html.

近平总书记赴湖南省花垣县十八洞村考察时,首次提出"实事求是、因地制宜、分类指导、精准扶贫"的理念。2015年,习近平总书记出席中央扶贫开发工作会议时指出,"要立下愚公移山志,咬定目标、苦干实干",吹响了脱贫攻坚战的冲锋号。

精准扶贫是反贫困理论与实践的重大创新。它采用切合当地实际的多维衡量指标,解决了精准识别的问题,实现了从贫困县到贫困户的对象聚焦;用组织动员、协同发力的方式,调动全社会力量参与扶贫,实现了扶贫主体的精准担责;通过识别不同贫困户的致贫原因,分类施策、分批解决,实现了扶贫措施的精准;通过建立以"两不愁三保障"为主要内容的贫困户脱贫效果及可持续生计考核机制,在有序退出、动态管理的过程中实现了资金使用的精准。

精准扶贫使得中国实现了"迄今人类历史上最快速度的大规模减贫",按照2010年农民年人均纯收入2 300元的扶贫标准,农村贫困人口从1978年的7.7亿人减少到2015年的5 575万人;同期中国贫困人口减少了7.9亿人,占全球减贫人口的71.82%。截至2020年年底,所有贫困县全部摘帽,贫困人口的生活水平得到显著提高,贫困地区农村居民人均可支配收入年均增长11.6%,医疗、住房、饮用水以及子女教育等问题都得到了有效改善;贫困地区的落后面貌得到根本性的改变,软硬件设施都得到了普遍的提升;脱贫群众的主体性意识增强，可持续生计能力得到了提高，精神风貌焕然一新，基层治理能力也得到了显著提升[①]。

经过八年的不懈努力，2021年2月25日，习近平总书记在全国脱贫攻坚总结表彰大会上庄严宣告中国脱贫攻坚战取得了全面胜利，完成了消除绝对贫困的艰巨任务[②]。作为全世界人口规模最大的发展中国家，我们将区域性的整体贫困送进了历史，动态消除了一定标准下的绝对贫困问题，提前十年实现了联合国千年发展目标。这是人类反贫困历史上的奇迹，"标志着我们党在团结带领人民创造美好生活、实现共同富裕的道路上迈出了坚实的一大步"[③]。

三、收入分配差距得到有效控制，为共同富裕锚定了航向

收入分配差距的扩大是影响实现共同富裕的最大障碍。2008年时我国的基尼系数达到了0.491，劳动报酬占GDP的比重持续下降。党的十八大以来，我国通过切实保

---

① 中华人民共和国国务院新闻办公室.《人类减贫的中国实践》白皮书[R/OL].（2021-04-06）[2023-03-07].http://www.xinhuanet.com/politics/2021-04/06/c_1127295868.htm.
② 中华人民共和国国务院新闻办公室.《人类减贫的中国实践》白皮书[R/OL].（2021-04-06）[2023-03-07].http://www.xinhuanet.com/politics/2021-04/06/c_1127295868.htm.
③ 习近平.在全国脱贫攻坚总结表彰大会上的讲话[N].人民日报，2021-02-26（2）.

护合法收入、调节过高收入和取缔非法收入等方式，不断缩小国民收入分配差距。具体而言，在切实保护合法收入方面，加强对公民财产权的保护。2016年印发的《中共中央国务院关于完善产权保护制度依法保护产权的意见》要求，"必须加快完善产权保护制度，依法有效保护各种所有制经济组织和公民财产权，增强人民群众财产财富安全感，增强社会信心，形成良好预期，增强各类经济主体创业创新动力，维护社会公平正义，保持经济社会持续健康发展和国家长治久安"。与此同时，对脆弱劳动群体的合法权益进行重点保护。近些年来，我国政府多措并举全面治理拖欠农民工工资问题。2020年1月出台《保障农民工工资支付条例》，坚持源头治理、系统治理、综合治理，以保护广大农民工的合法权益，为农民工工资支付提供了法治保障。在调节过高收入方面，国家对部分过高收入行业的国有及国有控股企业，严格实行企业工资总额和工资水平调控政策；建立企业高管人员差异化薪酬分配制度，缩小国有企业内部分配差距，要求高管人员薪酬增幅应低于企业职工平均工资增幅；通过完善公司治理结构，增强董事会、薪酬委员会和股东大会在抑制过高薪酬方面的作用；完善高收入者个人所得税的征收、管理和处罚措施，依法做到应收尽收。在取缔非法收入方面，包括严格规范党政机关各种津贴、补贴和奖金发放，加强领导干部收入管理，强化税收监督管理，譬如近年从严整治网络主播偷逃税的乱象等[①]。

2011—2022年，农村居民人均可支配收入从7 394元提高到20 133元，名义增长了1.72倍，同期城镇居民人均可支配收则增长了1.3倍[②]；"十三五"时期，全国居民人均转移净收入年均增长10.1%，快于居民总体收入的增长[③]；全国居民人均可支配收入基尼系数从2008年最高点0.491波动下降至2021年的0.466。利用全世界230多个国家或地区当年收入中位数的66.6%～200%作为同年我国中等收入者定义的下限和上限，2007年我国中等收入者比重为20%左右，到2018年达到30%左右，绝对规模超过4亿人。[④]

四、民生福祉水平显著提升，为共同富裕创造了良好条件[⑤]

以教育、就业、社会保障和公共卫生服务为主要内容的

---

① 李文.党的十八大以来关于推进共同富裕的伟大实践[J].毛泽东研究，2022（4）：18-28.
② 根据历年中国统计年鉴数据计算所得。
③ 刘志强，常钦.有关部门负责同志介绍解读《中国的全面小康》白皮书：实现全面小康迈向伟大复兴[N].人民日报，2021-09-29（3）.
④ 万海远.实现全体人民共同富裕的现代化[J].中国党政干部论坛，2020（12）：36-40.
⑤ 鲁全.党的十八大以来民生保障事业发展的成就、经验与理论创新[J].社会治理，2022（9）：38-52.

民生保障体系与老百姓的生活关系最为密切，因此成为老百姓感受经济社会发展和共同富裕扎实推进的重要领域。十八大以来，我国的民生保障覆盖面不断拓宽，成为全民共享经济发展成果的主要途径，各项民生保障的水平稳步提高，待遇差距逐步缩小，为扎实推进共同富裕创造了良好的条件。

在教育领域，一方面，教育资源的惠及面更广，国民的受教育权利得到了更加充分的保护和实现。根据教育部提供的数据，全国学前三年毛入园率由 2011 年的 62.3% 提高到 2021 年的 88.1%，全国小学净入学率从 99.85% 提高到 99.9% 以上，初中阶段毛入学率始终保持在 100%，适龄残疾儿童义务教育入学率超过 95%，义务教育阶段建档立卡脱贫家庭学生辍学实现动态清零。2022 年，全国高中阶段教育毛入学率提高到 91.6%，比 2012 年提高 6.6 个百分点；2021 年高职学校招生 557 万人，相当于十年前的 1.8 倍；高等教育毛入学率从 2012 年的 30% 提高至 2021 年的 57.8%，高等教育进入普及化阶段。我国接受高等教育的人口达到 2.4 亿人，新增劳动力平均受教育年限达 13.8 年。另一方面，教育资源配置更加公平。2021 年全国普惠性幼儿园在园幼儿占比达到 87.8%，比 2016 年提高 20.5 个百分点；全国新增的幼儿园，80% 左右集中在中西部，60% 左右分布在农村。义务教育阶段生均公用经费标准实现了东中西部的完全统一。2021 年义务教育阶段进城务工人员随迁子女在公办学校就读和享受政府购买民办学校学位服务的占比达到90.9%[1]。2012年至2021年，农村和贫困地区重点高校专项招生计划定向招生超过82万人[2]。

在就业领域，一方面，就业规模持续扩大，十八大以来，我国实现了就业人员总量的平稳增长，新增就业人数持续保持高位。2012—2015年，年均新增就业1 200万人以上，2016—2019年，每年新增就业1 300万人以上，2020年以来虽然受到疫情影响，但每年的新增就业也在1 200万人左右，登记失业率稳定在4%左右。城镇就业人员占比从2012年的48.3%提高到2021年的62.7%，第三产业从业人员占比从36.1%提高到48%，各类人力资源服务机构的数量从2012年的2.8万家增加到2021年年底的5.91万家，从业人员达到103.15万人，年均为8 000万人次劳动者、5 000万户次用人单位提供招聘服务[3]。各类职业培训次数从2012年的2 049万人次增长到2021年的3 218万人次，其中培训农民工从883万人次提高到1 174万人次。2021年，为了支持市场主体稳就业岗位，中央深入实施减负稳岗扩就业政策，调整优

---

[1] 数据来源于教育部2022年"教育这十年"系列发布会的内容，见http://www.moe.gov.cn/jyb_xwfb/xw_fbh/moe_2069/xwfbh_2022n/。

[2] 国务院新闻办公室.《新时代的中国青年》白皮书[R/OL].（2022-04-21）[2023-03-07].http://www.scio.gov.cn/zfbps/32832/Document/1723331/1723331.htm.

[3] 中共人力资源和社会保障部党组.坚持就业优先推动实现更加充分更高质量就业[J].求是，2022（12）：49-53.

化稳岗返还、就业补贴等政策措施，全年支出就业补助资金近 1 000 亿元；向 407 万户企业发放失业保险稳岗返还 231 亿元，惠及职工 9 234 万人[1]。2022 年，又向 787 万户企业发放稳岗返还资金 497 亿元，发放留工补助资金 303 亿元；发放一次性扩岗补助 27 亿元，惠及高校毕业生 192 万人[2]。另一方面，就业质量有所提高。在工资收入方面，2012 年全国城镇非私营单位就业人员和私营单位就业人员年平均工资分别为 46 769 元和 28 752 元，2021 年分别提高到 106 837 元和 62 884 元，涨幅分别达到 128.4% 和 118.7%[3]；各省（区、市）最低工资的最小值从 2012 年的 830 元提高到 2021 年的 1 550 元。在劳动强度方面，2021 年，全国企业就业人员周平均工作时间为 47.8 个小时，劳动者全年法定休息日达到 120 天[4]。

在社会保障领域，一方面，我国已经建成了全世界覆盖人口最多的社会保障安全网。2012 年至 2022 年，我国基本养老保险参保人数从 7.88 亿人增加 10.53 亿人，医疗保险参保人数从 13.4 亿人增加到 13.45 亿人[5]，失业保险参保人数从 1.52 亿人增加到 2.38 亿人，工伤保险参保人数从 1.9 亿人增

---

[1] 敖蓉.就业成为改善民生压舱石[N].经济日报，2022-05-04（5）.
[2] 政策持续发力就业保持稳定 2022 年全国城镇新增就业 1 206 万人[R/OL].（2023-01-09）[2023-03-07].http://www.gov.cn/xinwen/2023/01/19/content_5737892.htm.
[3] 数据来源于相应年份的中国统计年鉴.
[4] 敖蓉.就业成为改善民生压舱石[N].经济日报，2022-05-04（5）.
[5] 2012 年的数据为参加城镇基本医疗保险的人数与新型农村合作医疗人数的总和，存在部分重复参保问题；2022 年的数据则为参加各项基本医疗保险的总人数.

加到2.91亿人①。2012年年底，全国共有社会服务机构136.7万个，床位449.3万张，每千人口平均拥有社会服务机构床位3.3张；2021年年底上述三个数据分别为238万个、842.8万张和6张，社会服务供给能力显著增强。不同类型的老年人护理补贴从无到有，2021年年底已经有3 994.7万老年人享受各种类型的养老补贴。在基层，2012年社区服务机构的覆盖率仅为29.5%，到2020年年底，农村地区猛增至79.5%，城镇地区达到100%。以提供社会服务为主要职能的民办非企业单位也从2012年的22.5万个增加到2021年的52.2万个②。另一方面，部分社会保障待遇的城乡差距在逐步缩小。以社会救助为例，党的十八大以来，各级财政累计支出基本生活救助资金超过2万亿元，保障标准逐年提高，城市和农村低保平均标准分别增长了1倍和2倍③，农村低保水平的增速显著快于城市。

在医疗服务领域，医疗健康服务资源逐步下沉，基层服务能力不断提高。截至2021年年底，全国建有各类基层医疗卫生机构近98万个，卫生人员超过440万人，实现街道、社区与乡镇、村屯全覆盖，基层机构开展的项目从10类扩展

---

① 数据来源于相应年份的人力资源和社会保障统计公报。
② 数据来源于相应年份的民政事业发展统计公报。
③ 中共人力资源和社会保障部党组.坚持就业优先推动实现更加充分更高质量就业[J].求是，2022（12）：49-53.

至12类。第六次卫生服务统计调查显示，90%的家庭15分钟内能够到达最近的医疗点。在基层卫生人员中，执业医师和助理执业医师数量从2012年的100.9万人增加到2021年的161.5万人，乡镇卫生院和社区卫生中心执业医师人员中拥有大学以上学历的占比分别从2012年的10%、33%提高到2021年的32%和59%。针对群众异地就医流向和重点疾病，已经设置10个专业类别的国家医学中心，建设了50个国家区域医疗中心，组建了医联体1.5万个，推动相关优质医疗资源扩容和下沉。2012—2021年基层医疗机构门诊的服务量从41.1亿人次增加到42.5亿人次。与此同时，居民医疗费用负担进一步减轻。国家通过组织药品和耗材的集中采购，降低虚高药价，已开展的七批集中采购中选药品平均降价超过50%，两批耗材集中采购平均降价超过80%，累计节约费用约3 000亿元。推动DRG和DIP试点城市全部进入实际付费阶段，建立医疗服务价格动态调整机制。上述措施都从供给端有效控制了医疗费用的不合理增长。相应地，基本医疗保障制度的整合也提高了需求方的支付能力和谈判能力，居民个人卫生支出所占比重由2012年的34.34%下降到2021年的27.7%[①]。

---

① 本部分数据均来自国家卫生健康委员会有关十八大以来卫生健康工作系列新闻发布会的内容，见 http://www.nhc.gov.cn/wjw/wangqhg/xwfbhwqhg.shtml。

五、制度建设日趋完善，为共同富裕提供了切实保障

扎实推进共同富裕是一项长期的工作，从而需要通过完善相关制度来形成稳定的长效机制。党的十八大以来，尤其是党中央提出扎实推进共同富裕以来，有关制度建设不断完善，为扎实推进共同富裕提供了切实保障。

例如，在现代化市场体系建设方面，2020年3月，中共中央、国务院下发《关于构建更加完善的要素市场化配置体制机制的意见》，要求深化要素市场化配置改革，促进要素自主有序流动，提高要素配置效率，对土地要素、劳动力要素、资本要素、技术要素和数据要素的市场化配置提出了具体要求，为各种生产要素的自由流动和市场化配置奠定了基础。2022年3月，中共中央、国务院出台《关于加快建设全国统一大市场的意见》，要求加快建设高效规范、公平竞争、充分开放的全国统一大市场，强调要完善统一的产权保护制度、实行统一的市场准入制度、维护统一的公平竞争制度和健全统一的社会信用制度，并对土地和劳动力市场、资本市场、技术和数据市场、能源市场以及生态环境市场的建设提出了具体要求。全国统一大市场的建立和完善，必然有利于资源的合理配置和高效流动，从而为优化初次收入分配结构

奠定制度基础。

再如，在基本公共服务均等化方面，2017年3月，国务院印发《"十三五"推进基本公共服务均等化规划》，首次提出了八个领域的国家基本公共服务清单，从2021年最新版的清单看，我国的基本公共服务体系已经相对完整[①]。不仅如此，2018年2月，国务院办公厅印发《基本公共服务领域中央与地方共同财政事权和支出责任划分改革方案》，对央地共同事权的公共服务支出责任进行了明确划分，解决了基本公共服务均等化在央地之间的责任划分问题。

又如，在社会保障方面，2018年3月，人社部、财政部出台《关于建立城乡居民基本养老保险待遇确定和基础养老金正常调整机制的指导意见》，从待遇确定、基础养老金调整、个人缴费档次调整、缴费补贴调整以及个人账户基金保值增值等方面确保城乡居民养老保险待遇的稳定增长，从而有利于缩小养老金待遇的城乡差距。

---

① 何文炯.共同富裕视角下的基本公共服务制度优化[J].中国人口科学，2022（1）：2-15，126.

第二节 推进共同富裕面临的问题

一、共同富裕的理论误区有待澄清

虽然共同富裕是我国一贯坚持的发展目标和价值取向，但理论学界和社会公众关于新时代实现共同富裕的内涵、路径及其对分配结构所带来的变化和影响等问题仍存在争议甚至误解。尤其是在面临百年未有之大变局，全球经济社会环境发生重大变化的新背景下，亟待澄清有关理论误区，在进一步明确共同富裕目标的前提下，提高政策预期的确定性和心理预期的稳定性。

首先，是生产与分配的关系，即做大蛋糕和分好蛋糕之间的关系。有观点认为，以提高收入和财富均等化为目的的分配方式改革会影响生产的积极性，从而不利于继续做大蛋糕。这本质上是对生产与分配关系的错误理解。按照马克思主义的基本观点，生产与分配是相互影响的：一方面，生产决定分配，包括生产资料的所有制形式会决定分配的基本原则，生产要素的边际贡献率是决定其收益率的主要因素，生产总量决定了财富分配的基础，等等；另一方面，分配方式也会反作用于生产，分配的均等化程度并不必然带来生产积极性和生产效率的下降，有些再分配制度甚至会提高全要素生产率和有利于经济发展方式的转变。例如，社会保障是典型的收入再分配手段，它不仅有利于提高低收入群体的转移收入水平，而且有利于增强中高收入群体的抗风险能力，从而有利于扩大中等收入群体规模、稳定中等收入群体的消费水平，还是高收入群体和企业参与慈善事业、体现社会价值的重要途径。

其次，是存量调整与增量调整之间的关系，即共同富裕不是"劫富济贫"。在中央提出扎实推进共同富裕的背景下，有些人认为会导致"劫富济贫"，这也是一种误解和误读，它混淆了存量调整和增量调整之间的关系。所谓"劫富济贫"是一种静态的观点，认为均等化程度的提高主要着力于存量，但我国共同富裕目标的实现是要建立在高质量发展的基础上，即发展仍然是第一要务，从而意味着我国对分配结构的调整主要着力于增量，即通过增强分配的公正性与合理性，在国民整体财富水平不断增长的前提下，通过低收入群体收入增速的提高，逐步缩小不同群体之间的收入、财富和公共服务差距，在高质量发展中稳步迈向共同富裕的目标。

再次，是共同富裕的程度问题，即共同富裕不是"同等富裕"。由于我国曾经在经济发展水平较低的阶段实施了以均等化为目标的分配政策，从而导致"大锅饭"的体制在一定程度上抹杀了生产贡献的差异，进而影响了创新性和生产力的提高，因此当扎实推进共同富裕再次被提上议事日程时，有观点担心共同富裕会指向收入甚至是财富的"完全平等"。这种担心是完全不必要的。平等与公平是完全不同的概念，平等以结果的完全一致为评价标准，而公平则更加强调所得与所付之间的相对匹配关系。我国仍处于社会主义初级阶段，按劳分配为主体、多种分配方式并存的基本分配制度不会动摇，这就意味着在较长一段时间内，仍然要按照生产要素的边际贡献进行初次分配，并通过提高再分配的调节力度和精准程度，更好地平衡激励性与均等化之间的关系。

最后，是共同富裕的战略步骤与时间节点问题，即共同富裕不是"同步富裕"。共同富裕是对实现第二个百年奋斗目标的新征程发展目标的描述，鉴于我国城乡之间、地区之间、群体之间在资源禀赋、发展基础和条件等各方面存在的现实差异，共同富裕绝不是一日之间可以实现的，而需要在中国式现代化的全面战略部署下，制定阶段性目标和实施路线图。习近平总书记明确指出，共同富裕"不是所有人都同时富裕，也不是所有地区同时达到一个富裕水准，不同人群不仅实现富裕的程度有高有低，时间上也会有先有后，不同地区富裕程度还会存在一定差异，不可能齐头并进"①。根据党的二十大报告的总体战略规划，在到2035年基本实现社会主义现代化的进程中，全体人民共同富裕要取得更为明显的实质性进展。

对上述理论误区的澄清有助于我们更加准确地理解在推进中国式现代化过程中，逐步实现全体人民共同富裕的理论内涵与实现路径，有助于更加广泛地凝聚社会共识、消除社会顾虑、稳定国民预期，进而形成更加全面系统而又精准有效的共同富裕政策体系。

二、经济高质量发展面临严峻挑战

中国虽然经济总量已经稳居全球第二位，但由于人口规模巨大，人均GDP水平不足发达经济体的三分之一，并且在产业结构、就业结构和城镇化率等方面均有待进一步优化和提高。根据《国际统计年鉴2019》提供的数据，尽管2019年中国全球竞争力指数（居28位）和全球创新指数（居14位）排名比较靠前，但其人类发展指数、全球化指数、幸福指数分别仅居85位、80位和93位，均处于中等水平②。按照

---

① 习近平.扎实推动共同富裕[J].求是，2021（20）：4-8.
② 魏后凯.从全面小康迈向共同富裕的战略选择[J].经济社会体制比较，2020（6）：18-25.

2035年人均GDP达到中等发达国家平均水平这一目标测算发现，2020—2050年的GDP平均增速需要达到4.6%左右，面临不小的挑战[①]。2021年的中央经济工作会议将当前经济发展的困难总结为"需求收缩、供给冲击与预期转弱三重压力"，足以说明挑战之严峻。实现经济高质量发展的挑战主要来自两个方面：

一方面，是经济增长动能和经济发展模式的升级转化。改革开放以来，我国的经济增长主要依靠城乡之间劳动力市场流动放开所带来的劳动力人口红利和基础设施建设投资需求的拉动。然而，前者必然伴随着我国劳动年龄人口总量的下降和劳动者对权益保障诉求的提高，所谓劳动力成本的比较优势，既无法长期维持，也不符合中国式现代化的基本发展方向；后者则存在明显的天花板效应，无论是扶贫攻坚对农村地区基础设施的改善，还是城市地区公共交通、城市建设等方面的固定资产投资，都已经达到了较高的水平而缺乏足够的新增长空间。在这样的背景下，中央确立了构建新发展格局的重大战略，以国内大循环为主体、国内国际双循环相互促进，尤其是要将消费作为拉动经济增长、实现经济高质量发展的重要力量。与投资和国际贸易不同，消费尤其是国内消费，受到供给和需求双重影响：供给侧改革不深入，

[①] 刘伟，陈彦斌. 以高质量发展实现中国式现代化目标[J]. 中国高校社会科学，2022（6）：33-40，155.

就无法提供高质量的产品；需求侧收入不提高、预期不稳定，消费亦将长期处于疲软的状态。因此，经济发展动能的转换需要有系统的政策支持体系才能顺利实现。

另一方面，经济高质量发展和经济快速增长的核心差别在于，经济发展的成果是否更好、更公平、更全面地为全体人民所分享，从而使得经济发展真正指向实现全体人民共同富裕。从这个角度来看，高质量经济发展就不仅仅是经济增长的问题，还涉及经济发展的区域平衡、初次分配与再分配、生产要素的贡献率差别与国民收入差距缩小等多重复杂关系，从而既需要提高全要素生产率和保持一定的经济发展增速，更需要完善现有的收入分配和公共服务体系，真正体现以人民为中心的发展思想。

三、收入分配差距仍处于相对较高水平

有关数据显示，改革开放以来，我国的居民收入差距变化总体经历了两个阶段，在 2008 年之前几乎是不断扩大的过程，2008 年后呈现出一种高位波动的态势；如果进一步考虑到高收入人群样本的缺失和财产与收入之间的相互强化效应，则实际的基尼系数可能会更高。而基于相关调查数据库的分析发现，2013—2018 年导致收入差距缩小与扩大的因素

相互抵消，收入差距总体呈高位徘徊的相对稳定状态。城乡收入差距缩小以及工资收入、养老金收入、自有住房估算租金和转移性收入的变化，有助于缩小收入差距；而流动人口收入分布、非农经营收入和财产收入的变化，导致收入差距扩大[1]。

在财产方面，《中国民生发展报告2015》显示，"顶端1%的家庭占有全国约三分之一的财产，底端25%的家庭拥有的财产总量仅在1%左右"[2]。2015—2018年，我国家庭人均财富的城乡比从3.22提高到了3.34，东中部比从1.44上升到了1.67，东西部比从2.52下降到了2.29，呈现出财富分布基尼系数高、多数居民财富持有水平低、财富集中度高、特殊群体财富占比大、财富构成差异明显以及城乡居民财富差距显著等特点[3]。因此，无论是从收入的维度看，还是从财产的维度看，学界普遍认为，我国自20世纪80年代以来不存在总体人均收入的绝对收敛[4]。这既是共同富裕面临的最大问题，

---

[1] 罗楚亮，李实，岳希明.中国居民收入差距变动分析（2013—2018）[J].中国社会科学，2021（1）：33-54，204-205.

[2] 李建新，等.中国民生发展报告2015[M].北京：北京大学出版社，2015：196.

[3] 杨灿明，孙群力.我国收入与财富分配差距研究[M].北京：经济科学出版社，2021：79-81.

[4] 魏后凯.中国地区经济增长及其收敛性[J].中国工业经济，1997（3）：31-37；朱国忠，乔坤元，虞吉海.中国各省经济增长是否收敛？[J].经济学（季刊），2014，13（3）：1171-1194；张静，徐海龙，王宏伟.知识溢出与中国区域经济增长收敛研究[J].宏观经济研究，2020（4）：71-84，175.

也恰恰是扎实推进共同富裕的重要原因所在。下面，分别从城乡差距、区域差距和行业差距的角度来进一步分析我国居民收入分配差距的情况。

在城乡差距方面，2008年以来城乡收入差距一直处于不断缩小的过程中，城镇居民与农村居民收入比值已从2008年的3.33下降到2022年的2.45，城镇居民与农村居民消费支出比值从2008年的2.8下降到2022年的1.8[①]；从城乡居民财产差距来看，过去20年中一直在扩大，2013年城镇居民与农村居民人均净财产比值为1.81，到2018年上升为3.08[②]。若按城乡居民收入五等分组，2020年，我国有约4亿农村人口人均收入水平仍低于全国中等收入最低标准（人均3万元）[③]。除了收入维度之外，城乡社会的差距还体现在其他方面，比较突出地表现在教育、健康等人力资本投入水平上以及医疗保障、养老保障等社会保障待遇水平上。从城乡差距对全国收入差距的贡献程度来看，我国城乡差距的贡献占到了27%左右[④]。因此，全面建设社会主义现代化国家，最艰巨最繁重的任务依然在农村。

---

① 根据历年中国统计年鉴数据计算得到。
② 根据CHIP2013和CHIP2018数据计算得到。
③ 胡鞍钢，周绍杰.2035中国：迈向共同富裕[J].北京工业大学学报（社会科学版），2022，22（1）：1-22.
④ 李实，陈基平，滕阳川.共同富裕路上的乡村振兴：问题、挑战与建议[J].兰州大学学报（社会科学版），2021，49（3）：37-46.

在区域差距方面，东中西部的发展差距仍然较为明显。广东、江苏、浙江、山东、河南、四川等六个经济大省的经济总量占全国经济总量的 45%，市场主体数量占全国的比例超过 40%，贡献了 40% 以上的就业，进出口总额和利用外资总额接近全国的六成，广东、江苏、浙江和山东在地方对中央财政净上缴中贡献超过六成[①]。表 3-1 展示了部分经济社会发展指标在 2012 年和 2021 年的变异系数。从中可以发现，2021 年常住人口、地方一般性财政收入和支出、艺术团体表演场次等指标的变异系数都超过 0.5，表示省际有着较为显著的差异；常住人口、地方一般性财政收入和支出、城镇居民人均可支配收入、城镇单位就业人员平均工资以及艺术团体表演场次的变异系数都出现了提高，意味着省际差异在拉大。

表 3-1 部分经济社会发展指标的省际变异系数

指标	2012 年	2021 年
人均 GDP	0.46	0.44
常住人口	0.65	0.67
地方一般性财政收入	0.75	0.87
地方一般性财政支出	0.46	0.55
居民人均可支配收入	0.43	0.39
城镇居民人均可支配收入	0.26	0.27
农村居民人均可支配收入	0.36	0.33

① 李克强．在经济稳定恢复中承担经济大省应有责任保市场主体稳就业稳物价保障基本民生[N]．人民日报，2022-08-17（1）．

续前表

指标	2012 年	2021 年
居民人均消费支出	0.42	0.33
城镇居民人均消费支出	0.27	0.24
农村居民人均消费支出	0.30	0.25
城镇单位就业人员平均工资	0.24	0.27
每万人拥有卫生技术人员数	0.22	0.14
艺术团体表演场次	1.18	1.25

资料来源：根据国家统计局网站国家数据库数据计算所得。

在行业收入差距方面，统计数据显示，2012年城镇单位就业人员平均工资最低的是农、林、牧、渔业，最高的是金融业，后者是前者的3.96倍，各行业平均工资的变异系数为0.32；2021年最高的为信息传输、计算机服务和软件业，最低的是住宿和餐饮业，前者是后者的3.76倍，各行业平均工资的变异系数为0.34，比2012年略有上升[1]。从不同所有制的角度来看，2021年城镇非私营单位就业人员平均工资为106 837元，显著高于私营单位就业人员的平均工资62 884元。部分国有垄断企业与垄断行业工资畸高，部分国有企业管理者工资与职务消费过高，使得本应当为国家共同富裕做出重要贡献的公有制经济反而扩大了收入差距。除此之外，性别之间也存在工资收入的差距，研究发现，女性与男性的

---

[1] 根据国家统计局网站国家数据库数据计算所得。

工资比率在 1995 年、2002 年和 2007 年分别为 84%、81% 和 74%，这一比率在 1995—2007 年期间持续下降，也就是说性别工资差距不断扩大，但 2013 年这一比率略有上升，达到 79%[①]。

四、低收入群体迈向共同富裕存在较大压力

我国虽然已经取得了脱贫攻坚的胜利，历史性地消除了一定标准下的绝对贫困，但仍然面临防止返贫、相对贫困、多维贫困等现代化进程中的新问题。对于已脱贫的群体而言，如果无法顺利从外部输入式的增收转变为内生性的增能，就无法确保稳定的收入来源，生活就将面临很强的脆弱性。

从相对贫困的角度看，其规模取决于总体人群的收入分布结构，并不必然随着社会平均收入水平的提高而有所缩减。有研究显示，在基于全国居民收入中位数 40% 的相对贫困标准下，农村的相对贫困发生率在不断上升，2018 年约为 14%[②]。如果根据一个标准家庭（三口人）的年收入不足 10 万元即

[①] 罗楚亮，滕阳川，李利英.行业结构、性别歧视与性别工资差距[J].管理世界，2019，35（8）：58-68.

[②] 李实，陈基平，滕阳川.共同富裕路上的乡村振兴：问题、挑战与建议[J].兰州大学学报（社会科学版），2021，49（3）：37-46.

属于低收入家庭和人群估算，2019年全国低收入人群大约为9亿人，约占全国人口的64%。更为严峻的是，在低收入群体中，还有一部分收入极低的人群，据估算，大约1亿人月收入不足500元[1]，收入最低的40%的家庭的月人均可支配收入尚不及1千元，大约有6亿人[2]。根据测算，到2035年低收入人群中40%左右的人会成为中等收入者，还有约5亿人仍属于低收入人群[3]，这其中主要包括失业人群、重度残疾人以及农村留守老人和儿童等。从多维贫困的角度看，对于中低收入群体而言，虽然有了相对稳定的收入来源，但一旦家庭遭遇重大疾病、失能等风险，就会产生灾难性的大额支出，从而陷入支出性贫困的窘境。

总之，无论经济社会发展到什么程度，相对贫困和低收入群体都将始终存在，它们面临的并非生存危机，而是缺乏通过自身禀赋参与经济生产与分配的能力，需要建立包括收入补差、个体赋能以及支出豁免等在内的支持体系，从而对体系的完整性、政策的精准性和管理的高效性都提出了更高的要求。

---

[1] 李实，陈宗胜，史晋川，等．"共同富裕"主题笔谈 [J]．浙江大学学报（人文社会科学版），2022，52（1）：6-21.
[2] 林毅夫，付才辉．中国式现代化：蓝图、内涵与首要任务：新结构经济学视角的阐释 [J]．经济评论，2022（6）：3-17.
[3] 李实，陈宗胜，史晋川，等．"共同富裕"主题笔谈 [J]．浙江大学学报（人文社会科学版），2022，52（1）：6-21.

五、公共服务均等化亟待机制创新

公共服务均等化是促进实现共同富裕的重要机制。然而，我国公共服务在资源配置、服务质量等方面都存在机制性的缺陷和难题。例如，在公共服务资源配置方面，目前仍然主要是按照行政逻辑，根据行政层级进行设施规划和资源配置，例如一个乡镇需建设一家养老院或托儿所，一个社区需建设一家养老服务中心等。公共服务的对象是人，人群的区域分布与行政规划并不完全匹配，不同乡镇之间人口规模和结构都会有显著差别。笔者在调研中就发现，部分人口流出地区的乡镇托幼机构中儿童数量有限，但由于留守老年人规模较大，从而对养老机构有着非常强烈的需求；在西部广袤地区，一个区县或乡镇所辖地域面积非常大，如果完全参照行政级别来配置公共服务设施，则其服务半径就显得过大。因此，在公共服务设施建设方面就需要突破行政层级的制约，以人口分布及其结构为主要参考标准。

在公共服务的供给方面，无论是供给总量、供给质量还是供给方式都存在一定问题并亟待机制创新。在供给总量方面，不仅公共服务指向人，而且其提供过程也主要是由人来完成，与第二产业的资本有机构成不断提高不同，虽然技术创新在一定程度上可以取代人工，但服务质量和水平都仍然取决于供给主体的能力。以养老服务业、儿童托育业为例，高质量的养老护理人员和托育人员总量短缺是目前面临的主要矛盾。从长期看，一方面，随着劳动力人口总量下降和劳动者权益要求提高，劳动力供给不足；另一方面，居民对公共服务质量的要求不断提高，由此造成供求矛盾比较突出。在供给质量方面，面对国民日益增长的对高质量公共服务的需求，由于在薪资水平、社会认可程度、职业培训体系建设等方面还普遍存在短板，因此高质量公共服务更为稀缺。在供给方式上，虽然政府购买服务、PPP 等多元合作机制逐步建立，但在混合主体的供给过程中，在合理定价、精准资助以及建立激励相容的多元治理体系等方面都仍有很多问题亟待解决。

六、精神文化生活存在短板

共同富裕是物质文化生活与精神文化生活并重的共同富裕。然而，受西方意识形态的侵袭，在很多领域存在言必称欧美的情况，而对中国的问题关注不够、研究不够、话语不够、自信不够。在国民基本精神文化生活方面，能够反映时代声音和群众心声的高质量文艺作品严重不足，城乡之间在精神文化基础设施方面的均等化程度存在较大差异，民粹主义、极端民族主义、新自由主义等观念和思潮还有不少拥趸。虽然近些年来劳动者的技能素质得到了较大的提升，但是人文素质和集体主义的关怀精神仍然较为欠缺，全民人均阅读量总体较低。

对中国传统文化的历史价值发掘和当代宣扬机制还不完善。党的二十大报告明确提出，只有把马克思主义基本原理与中国具体实际相结合，与中华优秀传统文化相结合，才能保持蓬勃生机和旺盛活力。但在目前的学校教育体系和社会教育体系中，都相对缺乏有关中华民族优秀传统文化的教育内容。社会主义核心价值观教育以及重要的意识形态教育工作还缺乏常态化、群众化的机制。有关教育活动在基层存在形式化、刻板化的问题，普遍存在"入耳多，入心少"的问题，中国特色社会主义精神文明建设在内容和载体等方面都还有很大的提升空间。

总而言之，在新时代扎实推进共同富裕是实现第二个百年奋斗目标、以中国式现代化推进中华民族伟大复兴的重要内容。由于它涉及每一个公民的切实生活水平，也关系到不同群体、不同地区之间的利益调整，因此特别需要直面困难，加强顶层设计和系统规划，以总量提升和结构优化为双重支点，尽量避免出现部分群体利益净损失的情况，从而不断增强共同富裕的社会共识，让全体国民在扎实推进共同富裕的过程中切实提升满足感、获得感和幸福感。

第三节　推进共同富裕的宏观思路与重大战略

习近平总书记在有关扎实推进共同富裕的总体要求中提出了三个着力点①。其一是"要在推动高质量发展中强化就业优先导向"。收入分配是民生之源，扎实推进共同富裕的核心内容是优化收入分配结构，缩小收入分配差距。经济高质量发展在实现共同富裕过程中的基本机制就是通过更加积极的就业政策扩大就业规模、提高就业质量，使得劳动者能够分享经济发展成果。其二是"要发挥分配的功能和作用……构建初次分配、再分配、三次分配协调配套的基础性制度安排"。其中，初次分配是发挥市场在资源配置中的决定性作用，通过提高劳动者能力和素质，提升劳动报酬占 GDP 比重；再分配是发挥政府的作用，通过财政支出结构的优化，适当调节初次收入分配格局，确保全体国民的基本生存权和发展权；第三次分配则是发挥个人和社会主体的作用，通过捐赠、企业社会责任、慈善服务等形式，进一步优化分配结

---

① 习近平. 正确认识和把握我国发展重大理论和实践问题[J]. 求是，2022（10）：4-9.

构,助力实现共同富裕。其三是"要完善公共服务政策制度体系"。如果说分配制度是让国民增加收入的话,公共服务体系则是致力于让国民节省花销,通过提供更加均等化和更具普惠性的基本公共服务,提高居民可支配收入水平。按照上述目标和着力点,扎实推进共同富裕需要实施六大战略。

一、区域协调发展战略

经济高质量发展是实现共同富裕的基础。由于我国区域之间资源禀赋存在较大差异,因此区域之间经济发展不平衡的现象仍然较为显著。但与此同时,区域之间的发展梯度所形成的势能差,也为我国构建完整的产业体系、实现产业的梯度转移,以及形成国内统一大市场提供了有利的条件。在区域协调发展战略中,首先,要充分挖掘和发挥不同区域的比较资源优势,并以此为基础制定差异化的区域发展功能定位与战略,要继续大力推动实施东北振兴、中部崛起和西部大开发战略,更加充分地发挥东部地区在现代化建设中的引领作用。通过产业的梯度转移和劳动力的自由流动,形成新的区域发展格局。

其次,要强化区域一体化建设,形成若干个中心明确、功能清晰、带动能力强劲的经济带,推进京津冀协同发展、长江经济带发展、粤港澳大湾区建设、长三角一体化发展、黄河流域生态保护和高质量发展，寻找新的增长点、建立新的增长极、打造新的创新平台，切实发挥引领区域发展的作用[①]。

再次，要充分发挥新型举国体制的优势，进一步完善区域之间的帮扶机制。应举全国之力重点帮扶特殊类型地区发展，包括革命老区、民族地区、边境地区、生态退化地区、资源型地区和老工业城市等[②]。在这方面，我们有着较为丰富的经验和成功的案例。以中央组织的援藏工作为例，从1994年开始，中央单位连续派出十批援藏人才，2019年7月至2022年7月，第九批援藏干部积极发挥作用，三年来助力决战脱贫攻坚，实施919个扶贫项目，帮助1.95万户贫困群众脱贫，实施627个援藏项目；发动区外社会各界向西藏捐款捐物4亿多元，资助孤儿、贫困学生等1.8万余名，为西藏经济发展和民生水平的提高发挥了重要的作用[③]。对口援疆工作则一直将以产业带动就业作为基本方略，极大地带动了当地经济发展和就业岗位的创造。笔者2017年在南疆调查时发现，对口

---

① 张占斌，王学凯.中国式现代化：特征、优势、难点及对策[J].新疆师范大学学报（哲学社会科学版），2022，43（6）：27-36.
② 丛书编写组.推动脱贫攻坚和特殊类型地区振兴发展[M].北京：中国计划出版社，中国市场出版社，2020：226.
③ 2 113名援藏干部人才扎根边疆建功高原[N].西藏日报，2022-07-27（1）.

援建的19个省市累计引进援疆产业合作项目7260个，完成投资1.14万亿元，带动近25万群众稳定就业。全疆服装纺织产业、农副产品加工产业、电子产品及装备组装加工产业三个劳动密集型行业共有企业1.65万家，实现就业65.9万人。

二、乡村振兴战略

我国城乡发展的差距具有复杂的历史和现实原因，农村地区的发展和农民收入的提高仍然是实现共同富裕过程中最大的短板，从而需要深入推进乡村振兴战略。从国际趋势来看，已经实现现代化的欧美发达国家，第一产业增加值占GDP的比重平均不足2%，第一产业就业占比不足5%，农村人口占比在10%以下[①]；但我国作为一个农业人口大国，农业和农村问题涉及粮食安全、文化传承、土地保障等多方面的功能，从而需要特别处理好乡村振兴和新型城镇化之间的关系，在城乡融合中实现乡村振兴和现代化发展。

就新型城镇化而言，我国经历了不同类型的城镇化，其中，有以人口输入为主要方式、以农民工为主要群体的"输入型"城镇化，它在为中心城市的发展提供重要劳动力支持

---

① 刘伟，陈彦斌.以高质量发展实现中国式现代化目标[J].中国高校社会科学，2022（6）：33-40，155.

的同时，也成为农民增加收入的主要渠道。对于这种类型的城镇化，提高其质量的关键是让农民工群体可以享受当地的基本公共服务，从而真正实现市民化。还有以征地为主要形式的"扩张型"城镇化，它主要出现在我国广袤的中西部地区，以征用农村土地并进而实现城市边界的拓展为主要方式，为城市的发展创造了新的空间区域。对于这种类型的城镇化，核心是要处理好土地用途变化及其带来的经济收益与失地农民权益保障之间的关系，而基本思路就是采取分类施策的方式，在确保失地农民能够分享土地增值收益的同时，鼓励具有劳动能力的群体进入劳动力市场，对超过劳动年龄的人口进行合理保障。除此之外，还有以农业产业化为主要形式的城镇化，即从小农生产方式向组织化、产业化的农业生产方式转型，农民不再是自雇形态的劳动者，而成为从事农业生产的受雇劳动者。针对这种劳动形态的转变，其核心是相关的劳动者应以生产方式和劳动形式而非所从事的产业、所在区域或所拥有的户籍作为标准享受相关的公共服务，例如其应当以受雇劳动者的身份参加职工社会保险，而不应以其农村居民的户籍身份参加居民社会保险。

就乡村振兴而言，关键在于找准产业，核心在于实现人在城乡之间的双向流动。乡村要振兴，首先需要有适合当地经济社会环境与资源要素的产业支撑，无论是特色农业，还是生态旅游观光或者是乡土文化传承，都要避免产业的雷同和重复，将乡土资源、社会资源和市场资源充分结合起来。乡村振兴既要指向人，也要依靠人。目前农村地区空心化现象严重，尤其是留守老年人数量不断增加，要实现产业发展、公共服务与人口流动的相互促进，以产业发展吸引人，以公共服务留住人，以高水平人才的流动支持产业的长期稳定发展。乡村振兴还特别需要盘活土地资源，既要坚持土地的集体所有制性质，也要将其作为生产要素投入农业和农村非农产业的发展中去，并以此为通道，让农村居民分享经济发展的成果。乡村振兴还要着力提高组织化的程度，在坚持党建引领的前提下，在经济发展领域要重新振兴集体经济，在社会发展领域则要创新组织形态，真正发挥村民自治组织的作用。

三、基本公共服务均等化战略

提高基本公共服务均等化的程度，将有利于缩小国民在收入和财产方面的差距，助力实现共同富裕。我国已经制定了基本公共服务的目录，并明确了不同层级政府主要基本公共服务项目的供给责任。进入 21 世纪以来，尤其是党的十八大以来，我国的基本公共服务内容不断充实，城乡居民在基本公共服务权利和内容维度上的均等化程度得到了显著的提高，但在水平、质量和可及性方面仍然存在较大的差别，例如城乡居民在养老金、医疗保障上的待遇差距仍然显著；不同地区之间人口居住密度的差异，使得基本公共服务的可及性存在显著差距，在城镇地区推行的"十五分钟生活圈"等机制在地域相对广袤的农村地区和中西部地区仍然面临建设成本与服务可及性之间的平衡问题；在公共服务质量方面，受到薪酬水平、职业发展等多重因素的影响，高质量的专业技术人才鲜有动力长期留在中西部落后地区提供服务，由此造成硬件设施建设成效显著但高质量服务供给严重短缺的矛盾。有鉴于此，公共服务的均等化要与新型城镇化和乡村振兴战略相匹配，根据人口的分布及其结构进行合理的资源配置，充分利用互联网、区块链等现代信息技术在远程问诊、智慧养老等公共服务领域的广泛应用，通过公共服务的供给侧结构性改革，瞄准需求对象、创新供给方式，切实提高公共服务供给的精准性和有效性。

四、中等收入群体倍增战略

习近平总书记提出，要"扩大中等收入群体比重……形成中间大、两头小的橄榄型分配结构"[1]。收入分配结构是体现共同富裕最直接的指标，要避免出现金字塔型结构，努

---

[1] 习近平. 扎实推动共同富裕 [J]. 求是，2021（20）：4-8.

力形成橄榄型结构，并最终走向扁平型结构。中等收入群体规模的扩大，不仅是收入分配结构优化的表现，而且必将影响整个财富分配结构和消费结构，真正实现向共同富裕型社会发展转变。扩大中等收入群体规模，主要依靠分配政策，要稳定提高劳动报酬的比例，适度拓宽财产性收入的渠道；而要实现中等收入群体的稳定，则主要依靠基本公共服务和社会保障政策，避免因重大的灾难性支出事件发生而使其重新跌到中等收入标准以下。

习近平总书记在其有关共同富裕的文章中还专门提及了可以成为中等收入群体的几类人群，并指出需要根据其所处的不同职业发展阶段和收入来源进一步完善有关政策。对于高校毕业生，要更好地帮助其规划职业生涯、融入职场环境、提高职业竞争力和专业能力，要通过保障性住房建设降低其在房屋方面的开支；对于技术工人，要通过职业培训不断提高其专业技术水平和薪酬水平，要通过大力发展职业教育和宣扬工匠精神，使得技术工人成为受社会尊重的职业；对于中小企业主和个体工商户，要进一步优化营商环境，降低税费负担，在出现系统性外部风险或经济金融风险时要出台积极的支持政策帮助其渡过难关；对于进城农民工，要逐步破除基本公共服务与本地户籍挂钩的约束，按照贡献和权益相匹配的原则，让更多的进城农民工可以真正实现稳定的市民化。

五、现代社会治理体系建设战略

如前所述，以人民为中心的发展思想和共享的发展理念，是走向共同富裕的指导思想和理念基础，而共享的前提是共建，共建的目的是共享，按照共建共享的基本原则，共同富裕既是全体人民的共同富裕，也应当是全体人民参与建设的共同富裕。从治理的角度看，共同富裕治理本质上基于一种多元共治的后现代社会网络结构，多元主体的合作构成了共同富裕的复杂系统场域，其基本特征是在党的统一领导下，由政府主导和推动，各个阶层和社会力量共同参与，覆盖社会各个功能性子系统的高质量、可持续、全民共享的制度政策集合①。党的二十大报告明确提出，发展全过程人民民主是中国式现代化的本质要求之一，而发展全过程人民民主在扎实推进共同富裕方面的具体要求就是要建立共建共享的经济社会生产分配体系和多元参与、有序协商的社会治理体系。

现代社会治理体系要求在明确产权的基础上，坚持基本分配制度不动摇；要求在保护个人财产权利的同时，加强社会共同体的建设，用集体的力量来抵御个人无法应对的风险；要求建立职工实质性参与的现代化社会主义企业治理机制；要求加快社会组织能力建设，并使之成为第三次分配和社会

---

① 郁建兴，刘涛. 超越发展型国家与福利国家的共同富裕治理体系 [J]. 政治学研究，2022（5）：3-12，151.

服务递送的重要主体；要求加强基层自治组织建设，在现代信息网络技术的支持下，以组织化的方式紧密联结原子化的个体；要求创新协商式的基层事务治理和矛盾化解机制，让所有的利益相关方有机会、有渠道参与治理过程，减少改革的矛盾和阻力。

六、精神文化生活大繁荣战略

文化是国家发展的内核，是人全面发展的重要组成部分。一个没有文化传承和文化信仰的国家无法强大，一个缺乏精神文化生活的个体也是可悲的。习近平强调，实现中国梦，是物质文明和精神文明比翼双飞的发展过程[①]。改革开放以来，以经济建设为中心的发展思想，使得国民的精神文化生活总体上比较落后，从而需要在新时代迈向共同富裕的新征程上，深刻认识推进文化强国建设在全面建设社会主义现代化国家中的地位和作用[②]，通过实施精神文化生活大繁荣战略，满足人民群众日益增长的精神文化需求。

要牢牢守住意识形态领域的主动权。西方国家不仅对我国在核心技术领域卡脖子，还长期对我国进行意识形态领域

---

① 习近平.在联合国教科文组织总部的演讲[N].人民日报，2014-03-28（3）.
② 秦宣.推进社会主义文化强国建设的行动纲领[J].红旗文稿，2022（22）：2, 22-25.

的渗透，崇尚欧美文化、笃信欧美体制的国人并不鲜见。因此，要牢牢抓住意识形态领域的主动权，将党史、国史和改革开放史的教育融入日常生活中，要找到群众喜闻乐见的宣传方式，要与老百姓的日常生活紧密结合，防止简单枯燥的宣教式传播。要充分挖掘中华优秀传统文化的当代价值。要以"取其精华、去其糟粕"的态度来看待中华传统文化，积极推进优秀传统文化的时代化改造，增强民族自豪感和民族向心力。大力弘扬讲仁爱、重民本、守诚信、崇正义、尚和合、求大同等思想理念；大力弘扬自强不息、扶危济困、见义勇为、孝老爱亲等中华传统美德[1]。要提高高质量文化产品的有效供给，建立更加包容开放的艺术作品审核机制，既要对国家发展的重大成就和瞩目成果进行广泛宣传，也要允许针砭时弊、能积极反映群众改革心声的好作品。要以社会主义核心价值观为引领，创造新时代社会主义文化新氛围，要将社会主义核心价值观作为"立国之本"的核心价值理念，创新传播方式，扩大受众对象，营造文化自信的新氛围。要提高公共文化服务的均等化程度，以居民的居住分布为基础，提高公共文化服务设施的可及性，倡导全民阅读，积极发挥老年大学、开放大学等终身教育机构的作用，不断提高国民的文化素质和文化品位。

---

[1] 马建堂.奋力迈上共同富裕之路[M].北京：中信出版集团，2022：368.

第四节　推进共同富裕的制度与文化优势

虽然欧美发达国家率先实现了现代化，但没有任何一个资本主义国家将"共同富裕"作为现代化的目标和评价标准，因为资本主义私有制与共同富裕有着内在的冲突和矛盾，它们不会也无法实现真正意义上的共同富裕。将共同富裕作为中国式现代化的基本特征之一，是中国特色社会主义制度的本质要求，是中国共产党的理想信念和不懈追求。对此，我们有新型举国体制的有力支撑，有清晰明确的战略规划，还有中华民族勤劳团结的优良传统，这些都构成了中国扎实推进并必将最终实现共同富裕的制度和文化优势。

一、中国特色社会主义制度的本质要求

任何资本主义国家都不会将共同富裕作为国家发展的终极目标，而科学社会主义则必然要求将共同富裕作为国家发展的重要目标，这是资本主义和社会主义的本质差别所决定

的。共同富裕是中国特色社会主义制度的本质要求,反过来,中国特色社会主义也是实现共同富裕的制度保障。从理论逻辑上看,资本主义以私有制为基础,虽然在第二次世界大战之后出现了福利国家等调和劳资矛盾、进一步解放生产力的资本主义新形态,但从本质上仍然无法解决资本主义的内在矛盾,无法彻底解决生产关系对生产力发展的束缚。这种民主社会主义不仅无法超越自己业已取得的成绩,反而难逃资本主义周期性经济危机的困扰[①]。在资本主义的框架下,当福利制度的发展和福利水平的提高带来了财务危机并进而影响资本所有者的超额利润时,削减福利便成为他们的首选。相比而言,社会主义制度与共同富裕具有内在的契合性,生产资料的公有制使其必然要求财富的增长为全体人民所享有,全体人民福利水平和生活质量的提高由此成为目标而非手段,所有改革的本质都是通过调整制约因素达到共同富裕。

在社会主义制度下,生产力被最大限度地释放,从而为共同富裕奠定了坚实的物质基础,以公有制为基础的生产关系则决定了物质资料的分配方式必然指向共同富裕。马克思、恩格斯指出,"无产阶级的运动是绝大多数人的、为绝大多数

---

① 沈斐."美好生活"与"共同富裕"的新时代内涵:基于西方民主社会主义经验教训的分析 [J]. 毛泽东邓小平理论研究,2018(1):28-35,107.

人谋利益的独立的运动"①。马克思在《1857—1858年经济学手稿》中提出，在未来的新社会制度中，"生产将以所有的人富裕为目的"②。列宁提出，社会主义要使"所有劳动者过最美好的、最幸福的生活。只有社会主义才能实现这一点。而且我们知道，社会主义一定会实现这一点，而马克思主义的全部困难和它的全部力量也就在于了解这个真理"③。在马克思主义中国化时代化的过程中，我们坚持和发展了马克思主义，坚持和完善了中国特色社会主义制度，也坚定地朝着共同富裕的目标进行了富有成效的实践④。

二、中国共产党的坚强领导

中国共产党的领导是中国特色社会主义制度最本质的特征，也是最显著的优势所在，中国共产党马克思主义政党的基本属性，"为人民谋幸福、为民族谋复兴"的初心使命，不断自我革命的精神，都决定了它是中国革命和建设事业的核

---

① 马克思，恩格斯. 马克思恩格斯文集：第2卷[M]. 北京：人民出版社，2009：42.
② 马克思，恩格斯. 马克思恩格斯文集：第8卷[M]. 北京：人民出版社，2009：200.
③ 列宁. 列宁全集：第34卷[M]. 北京：人民出版社，1985：356.
④ 胡鞍钢，周绍杰.2035中国：迈向共同富裕[J]. 北京工业大学学报（社会科学版），2022，22（1）：1-22.

心领导力量，是中国人民的历史选择，同样，它也将是推进中国式现代化和实现共同富裕的坚强领导者。

中国共产党有先进理念的指导，坚持马克思主义的世界观和方法论，并且结合中国国情和实际，不断推进马克思主义的中国化和时代化，逐步建立和完善中国特色社会主义思想体系和制度体系，在新时代又根据新背景和新问题，形成了习近平新时代中国特色社会主义思想体系；中国共产党建立起了一整套与中国国情相适应的制度体系和治理体系，能够充分调动不同主体的主动性和积极性，能够较好地处理改革与发展、守正与创新、中央与地方、国内与国外等多重复杂关系，坚定地带领全体人民走向共同富裕；中国共产党具有与时俱进的革命精神和自我革新能力，通过各种手段不断加强自身的领导能力和执政能力建设，从而始终葆有活力和创新力。总而言之，与西方党派只代表部分群体的利益不同，中国共产党作为使命型政党，除了为全体人民谋利益之外，并没有自身的利益，这种政党属性、历史责任以及实践逻辑都决定了只有坚持中国共产党的领导，充分发挥中国共产党的特质和优势[①]，才能最终实现全体人民共同富裕的宏伟目标。

---

① 秦宣. 论中国共产党的特质和优势 [J]. 马克思主义研究，2021（2）：1-9, 151.

三、新型举国体制的有力支撑

新型举国体制是在党的统一领导下,聚焦改革和发展中的重大问题,充分调动各方面的力量集中攻关,实现集中力量办大事,进而发挥社会主义制度优越性的重要制度支撑。新型举国体制是在社会主义市场经济条件下对传统举国体制的创新和发展[①]。近年来,新型举国体制在重大科技创新和关键技术突破等方面发挥了重要作用,也同样可以成为我国扎实推进共同富裕的有力支撑。新型举国体制强调在共同目标下不同主体的有效合作与统一行动。实现全体人民共同富裕已经成为第二个百年奋斗目标的核心内容,具有广泛的社会共识和强大的目标凝聚力;共同富裕涉及利益关系的调整和分配方式的深刻改革,从而需要在党的集中领导下,按照系统集成的原则和思路,调动不同主体的积极性,形成政策合力并统一行动。

具体而言,共同富裕需要更好地发挥市场在资源配置和资源投入回报方面的决定性作用,需要在要素自由流动的过程中实现其最优配置和劳动者回报的稳定增长;共同富裕需要企业转变发展观念,兼顾经济利益与社会利益,积极探索可持续的社会价值创新模式,在切实保护和不断提高劳动者

---

① 高菲,王峥,王立.新型举国体制的时代内涵、关键特征与实现机理[J].中国科技论坛,2023(1):1-9.

权益的同时，积极投入社会公益事业中，以体现社会主义国家企业的责任担当；共同富裕需要发达地区按照"先富帮后富"的总体安排，通过对口援建、技术支持、就业岗位提供等多种方式进行"反哺"，不断缩小地区之间的发展差距，携手迈向共同富裕；共同富裕还需要专业有为的社会组织在社会资源筹集、服务递送、社会互助生态营造等领域积极作为，更加充分地发挥社会力量在推进共同富裕方面的作用；等等。总之，共同富裕是国家发展的重要目标，涉及不同的主体和每一个个体，从而需要在党中央的统一谋划下，充分发挥新型举国体制的优势，聚焦目标、协同共建。

四、清晰明确的路径规划

规划先行是我国社会主义改革和建设事业取得不断进步的基本经验。无论是中长期发展规划的整体安排，还是五年规划对各项经济社会事务的协同布局，抑或是各专项规划对重点工作领域任务目标与路线图的描绘，都实现了目标、手段和路径的有机整合，成为工作的抓手和评价的重要标准。五年规划的连续性有利于确保各项事业朝着既定目标稳步前行、久久为功；不同时期规划的重点任务和实现机制又可以确保阶段性重大任务的按期完成。

在驶向共同富裕的航程中，我们也逐渐有了清晰明确的路径规划。习近平总书记有关共同富裕的系列重要讲话和理论文章，都明确了扎实推进共同富裕的原则、思路和重点任务，是对共同富裕事业的宏观谋划。党的二十大报告提出了全面建设社会主义现代化强国的两步走战略，其中，到2035年的目标就包括"人的全面发展、全体人民共同富裕取得更为明显的实质性进展"。《中华人民共和国国民经济和社会发展第十四个五年规划和2035年远景目标纲要》不仅在收入分配、乡村振兴、民生福祉等部分提及共同富裕的内容，还提出要制定促进共同富裕行动纲要，形成清晰明确的共同富裕路线图。近期，国家先后出台《中共中央国务院关于加快建设全国统一大市场的意见》《扩大内需战略规划纲要（2022—2035）》《乡村建设行动实施方案》等，使得推进共同富裕有了阶段性目标和具体抓手。相应地，有较为丰富的理论研究成果从发展性、共享性和可持续性[1]，生产力、发展机会、收入分配、发展保障和人民福利[2]，富裕的差异性和共享性，物质生活、精神生活和生活环境[3]等不同维度制定了共同富裕

---

[1] 陈丽君，郁建兴，徐铱娜.共同富裕指数模型的构建[J].治理研究，2021，37（4）：2, 5-16.
[2] 胡鞍钢，周绍杰.2035中国：迈向共同富裕[J].北京工业大学学报（社会科学版），2022，22（1）：1-22.
[3] 杨宜勇，王明姬.共同富裕：演进历程、阶段目标与评价体系[J].江海学刊，2021（5）：84-89.

的评价指标体系，使得共同富裕的推进有了具体的衡量参考标准。

五、勤劳团结的优良传统

中华民族是勤劳勇敢团结的民族，中国人民有着互帮互助、团结奋进的优良传统，这种民族文化和个人道德追求，既与共同富裕的内在价值完全契合，也能够成为推动实现共同富裕的重要力量。一方面，中国社会人与人的关系呈现"洋葱式"的由里及外的基本特征，从基于血缘关系的家庭到基于地缘关系的老乡，再到基于业缘关系的同事，极富有韧性的家庭保障并未随着家庭结构的小型化而完全丧失功能，老乡之间的互帮互助在人口流动的大背景下成为重要的力量来源，人与单位之间复杂的社会经济联结关系使得中国的劳资关系绝不仅仅是经济关系，而仍然寄托着人们的社会期待与情感诉求。

另一方面，即使在现代社会关系中，中国人也从来不缺乏怜悯之心和志愿精神。"一方有难，八方支援"是我们的优良传统，在汶川地震等自然灾害和新冠疫情等重大公共卫生事件中，我们都能看到来自四面八方的"逆行者"冲锋在前的身影。而在网络高度发达的今天，互联网成为联结个体的一种新形式,并且能够通过万物互联的方式,使得脆弱群体能够更多地为公众所关注。例如,近些年来出现了一些网络求助平台,其虽然仍存在不少问题,但确实为患有严重疾病、面临高额医疗费用的群体解了燃眉之急,从而充分说明中国人乐善好施、以己度人、团结互助的优良品格。

综上所述,在扎实推进共同富裕的新征程上,我们有着明确的目标和路径规划,有着中国共产党的坚强领导和全面部署,有着西方资本主义国家所不具有的独特制度优势和文化优势,从而应当信心百倍地为实现共同富裕做出不懈努力。

| 第四章 |

经济发展、收入分配与共同富裕

第一节　共同富裕的基础：实现经济高质量发展

一、贯彻新发展理念、构建新发展格局

党的十八届五中全会提出了"创新、协调、绿色、开放、共享"的新发展理念，这是党中央在对国内外经济社会形势做出准确判断基础上提出的系统化思想，体现了历史唯物主义基本原理和中国共产党的宗旨，反映了社会主义的本质属性和建设社会主义现代化强国的新要求[1]。经济的高质量发展

---

[1] 秦宣. 新发展理念与中国改革开放的历史经验 [J]. 中国特色社会主义研究，2018（6）：20-25.

是实现共同富裕的物质基础,而要实现经济的高质量发展,就必然需要贯彻新发展理念。

具体而言,创新是引领发展的第一动力[①]。在改革开放初期,我国依靠丰富的劳动力资源和由此形成的比较价格优势,在全球产业链中找到了合适的分工位置,以世界工厂的角色参与到全球化经济发展中并从中受益。然而,以劳动力成本为基础的比较竞争优势并不具有可持续性,随着我国劳动年龄人口数量的逐步下降以及劳动者对福利待遇水平要求的提高,我们正在逐步失去这样的比较成本优势。在这样的背景下,创新应当成为经济发展的重要动力,无论是技术创新、制度创新还是资源配置方式的创新,都将为生产力的不断提高注入源源不断的新动力。

新形势下,协调发展具有一些新特点。比如,协调既是发展手段又是发展目标,同时还是评价发展的标准和尺度[②]。协调发展的理念与共同富裕的目标具有内在一致性,它们都要求地区发展之间的相对平衡,都要求城乡之间的共同发展,都要求群体之间在收入、财富和消费等方面的差距不断缩小。协调发展也是促进实现共同富裕的基本方法,区域之间的协调发展有利于在提高整体生产力水平的同时,不断缩小区域之间的发展差距;产业之间的协调发展,有利于形成以工促

---

① 习近平.深入理解新发展理念[J].求是,2019(10):4-16.
② 习近平.深入理解新发展理念[J].求是,2019(10):4-16.

农、以城带乡、工农互惠、城乡一体的工农城乡关系，不断缩小城乡发展差距；物质生产和精神文化生产的相协调，则有利于提高国民的精神文化水平，从而在物质生活和精神生活方面都能实现共同富裕。

绿色的发展理念直接指向人与自然的和谐关系，但也对经济发展模式提出了新的要求，它要求经济发展不能以破坏自然环境、过度消耗自然资源为代价。"绿水青山就是金山银山"实质上表达了自然环境呈现经济效益的另一种可持续途径，而自然环境也是广义民生的重要组成部分，从这个意义上说，共同富裕的物质和精神文化生活也应当包括在人居环境上的高质量和均等化。

开放的发展理念阐述了我们同世界的关系。我国的发展成就得益于改革开放。经济全球化的进程和趋势是不可阻挡的。从经济全球化的积极融入者到当前世界上推动贸易和投资自由化便利化的最大旗手[①]，中国的发展既受益于全球化，也为全球化注入了新的内涵和动力。无论是提出"一带一路"倡议，还是推动构建人类命运共同体，从全球发展的视角来看，中国不仅致力于实现自身的共同富裕，而且也在为全球的共同发展和共同富裕做着积极的努力。虽然目前国际形势错综复杂，但全球化依然是大势所趋，只有坚持更高质量的

---

① 习近平. 深入理解新发展理念 [J]. 求是，2019（10）：4-16.

改革开放，才能更好地协调国内和国际两个市场，处理好"引进来"和"走出去"两种策略的关系，在进一步融入和引领全球经济发展的同时实现自身的高质量发展。

共享是扎实推进共同富裕的理念基础，最具有针对性和指导性。共享的理念强调发展为了人民、发展依靠人民，从而需要遵循共建共享的原则来扎实推进共同富裕，要倡导勤劳致富，防止被动等富的消极心态；共享的理念要求全民共享，其指向与全体人民共同富裕是完全一致的，从而不能落下任何一个地区、任何一个群体；共享的理念要求全面共享，其内容与共同富裕也是完全一致的，不仅要求物质财富的共享和精神文化生活的富裕，而且需要在政治生活、社会治理以及生态资源方面的共享；共享的理念还强调渐进的共享，从而也与实现共同富裕的长期性相吻合。

贯彻新发展理念，必然要求构建新发展格局[1]。党的十九届五中全会提出构建以国内大循环为主体、国内国际双循环相互促进的新发展格局，这是对我国经济高质量发展过程中国际与国内、供给与需求关系的全局性战略安排。以国内大循环为主体，必然要求提振国民消费需求，并使之成为拉动经济发展和满足人民美好生活需要的基本落脚点。如何提振国民消费需求，提升国民消费水平？提高总体收入水平、壮

---

[1] 习近平.新发展阶段贯彻新发展理念必然要求构建新发展格局[J].求是，2022（17）：4-17.

大中等收入群体，稳定预期、提高边际消费倾向，深化供给侧结构性改革、不断满足人民日益增长的美好生活需要是三条基本路径。它们都与扎实推进共同富裕有着密不可分的联系。其一，共同富裕就是要提高居民的总体收入水平，并通过完善分配制度，不断壮大中等收入群体。有了较高水平的可支配收入，有了较大规模的稳定的中等收入群体，国民消费才有可能被有效拉动。其二，提振消费需要稳定预期，只有对未来有稳定的预期，居民才敢于增加当期消费。稳定的预期需要完善的社会保障制度和基本公共服务的均等化。前者以群体的力量抵御个体的风险，可提高人们遭遇风险时的收入稳定性；后者则可减轻人们在托幼、健康、养老等方面的支出压力，从而提高当期可支配收入的比重。而这两者也都是扎实推进共同富裕的题中应有之义。其三，人民日益增长的美好生活需要和不平衡不充分的发展之间的矛盾是新时代的社会主要矛盾。面对这个矛盾，扎实推进共同富裕是基本策略，因为共同富裕必然要求更加充分和均衡的发展，共同富裕的丰富内涵必然要求覆盖人民美好生活需要的全部内容。简而言之，构建新发展格局与扎实推进全体人民共同富裕彼此促进、相互支撑。构建新发展格局既有利于为实现共同富裕奠定坚实的物质基础，也有利于直接促进共同富裕的实现；扎实推进共同富裕，全面提高全体人民的物质生活和精神生活的水平与均等化程度，亦有利于新发展格局的形成。

二、建设现代化经济体系

党的十九大报告提出建设现代化经济体系，以供给侧结构性改革为主线，推动经济发展质量变革、效率变革、动力变革，提高全要素生产率，着力加快建设实体经济、科技创新、现代金融、人力资源协同发展的产业体系，着力构建市场机制有效、微观主体有活力、宏观调控有度的经济体制，不断增强我国经济创新力和竞争力[1]。根据习近平的概括，现代化经济体系包括产业体系、市场体系、收入分配体系、城乡区域发展体系、绿色发展体系、全面开放体系以及充分发挥市场作用、更好发挥政府作用的经济体制[2]。它们之间相互作用，既涉及生产过程，也涉及分配过程，既涉及经济运行的市场主体，也涉及宏观调控的政府主体，既涉及国内城乡间地区间关系，也涉及国内国际两个市场的关系等，从而具有系统性和完整性。

具体而言，第一，创新引领、协同发展的产业体系是要实现实体经济、科技创新、现代金融、人力资源的协调发展。要大力发展实体经济，将其作为现代化经济体系的基础，也要支持鼓励发展数字经济等其他新经济形态，实现不同经济

---

[1] 习近平.决胜全面建成小康社会 夺取新时代中国特色社会主义伟大胜利：在中国共产党第十九次全国代表大会上的报告[N].人民日报，2017-10-28（1-5）.
[2] 习近平.习近平谈治国理政：第3卷[M].北京：外文出版社，2020：241.

形态的协调发展；要以科技创新、技术创新、产品创新和模式创新作为经济发展的新动能，将创新能力作为国家的核心竞争力，在创新中实现可持续发展。

第二，统一开放、竞争有序的市场体系是要形成市场准入畅通、市场开放有序、市场竞争充分、市场秩序规范的现代市场体系。行政垄断和不必要的行政干预会造成市场扭曲，影响资源配置效率。我国在资源分配、市场准入、政府采购等方面仍然存在大量非地区性行政垄断[1]。已有研究发现，我国地区性行政垄断程度总体呈现下降趋势，但越是发达的东部地区，下降的趋势越快，越是落后的西部地区，下降趋势越慢且低于全国平均水平[2]。这必然不利于区域之间经济发展差距的缩小。因此，要建立全国统一的大市场体系，促进要素在全国统一市场范围内自由流动以实现最优配置，要破除行业壁垒和地区壁垒，除部分涉及国家安全等方面的特殊行业和领域之外，要鼓励民营资本的进入，真正落实"两个毫不动摇"。

第三，体现效率、促进公平的收入分配体系是要实现收入分配合理、社会公平正义、全体人民共同富裕。要将处理

---

[1] 郁建兴，任杰.共同富裕的理论内涵与政策议程[J].政治学研究，2021（3）：13-25，159-160.

[2] 于良春，余东华.中国地区性行政垄断程度的测度研究[J].经济研究，2009，44（2）：119-131.

好效率与公平的关系贯穿于初次分配、再分配和第三次分配的全过程，既要充分考虑对产出的边际贡献，也要防止两极分化。（这一部分的内容将在本章后两节详细阐述。）

第四，彰显优势、协调联动的城乡区域发展体系是要形成区域良性互动、城乡融合发展的区域协调发展新格局。要充分发挥我国战略纵深的区域优势，在全国一盘棋的总体规划和功能区的合理划分下，积极推动区域一体化发展，关键是要建立跨地区的资源补偿机制和城乡之间的反哺机制。要深入推进乡村振兴战略，以农业产业化、农村现代化和农民集体化为抓手，在城乡融合发展中实现乡村振兴和农民富裕。

第五，资源节约、环境友好的绿色发展体系是要实现绿色循环低碳发展，形成人与自然和谐发展的现代化建设新格局。要从自然资源消耗或破坏型的经济发展模式转变为绿色经济发展模式，充分挖掘自然生态资源在旅游观光、文化传播等方面的新经济价值，真正让绿水青山成为金山银山。

第六，多元平衡、安全高效的全面开放体系是要发展更高层次的开放型经济。要在处理好安全与发展的关系的前提下，在通畅国内大循环体系的基础上，继续积极融入全球产业链和分工体系，逐渐实现从人力资源大国向人力资源强国、从制造业大国向制造业强国的转型升级，并争取在数字经济等新领域实现弯道超车。

第七，充分发挥市场作用、更好发挥政府作用的经济体制是要实现市场机制有效、微观主体有活力、宏观调控有度。要坚持发挥市场在资源配置中的决定性作用，完善产权制度，弘扬企业家精神，营造优良的营商环境，支持市场主体尤其是中小企业健康发展。要使用好财政政策、货币政策等宏观调控手段，将就业作为宏观调控过程中的重要因素，避免出现重大的宏观经济波动。

在建立现代经济体系的过程中，要特别注意处理好下面四组关系。其一，是三大产业之间的关系。从全球的趋势来看，第三产业占比的不断提高是现代产业发展格局变化的基本趋势。然而，我国是人口大国，要将粮食安全牢牢地抓在自己的手上，从而需要通过农业机械化、生产集约化等方式提高农业生产效率。与此同时，研究发现，第二产业占比的下降会对就业产生负面影响，从而需要处理好产业转型升级与就业之间的关系。

其二，是市场与政府的关系。有观点认为，市场经济可以自动实现共同富裕，或者仅仅靠市场机制就能实现共同富裕。这种认识既没有理论依据，也没有实践支持。从全球范围来看，由政府主导的第二次分配和由社会主导的第三次分配是建立公正分配体系的必然要求。在扎实推进共同富裕的道路上，我们既需要有效的市场，也需要有为的政府。

其三，是生产与分配的关系。在经济发展水平总体较低的情况下，扩大生产规模，提高生产效率，即做大蛋糕，是矛盾的主要方面；在经济发展水平达到一定程度，并以高质量发展和共同富裕为目标的情况下，构建公正的分配体系并使之反作用于生产环节，即分好蛋糕，便成为矛盾的主要方面。要摒弃将生产与分配相对立的观点，从经济活动的全流程出发，构建现代化的经济体系。

其四，是速度与质量的关系。一方面，随着经济总量的增大，经济增速出现下降趋势是发展的必然规律；但另一方面，如果不保证一定速度的经济增长，共同富裕的目标就缺乏坚实的物质基础。对2020—2035年中国经济增长趋势进行测算的结果表明[①]，无论是基准情形还是乐观情形，中国经济完成翻一番的目标，达到基本实现现代化的要求均面临一定的挑战。因此，需要进一步深化市场化改革以提升全要素生产率增速，激发民间投资的积极性以提高资本质量，发展人工智能与促进质量型人口红利释放以确保中高速增长。

综上所述，规范市场就是造福社会[②]。虽然市场经济在调节收入分配方面具有显著的缺陷，但市场经济越规范、越成熟，资源的配置效率就越高，也越有利于形成较好的初次分配结构。

---

① 刘伟，陈彦斌.2020—2035年中国经济增长与基本实现社会主义现代化[J].中国人民大学学报，2020，34（4）：54-68.
② 周弘，等.促进共同富裕的国际比较[M].北京：中国社会科学出版社，2021：2.

第二节 优化收入分配结构的长效机制：
就业与初次分配

2013年2月，国务院批转国家发展改革委等部门《关于深化收入分配制度改革的若干意见》，对深化收入分配制度改革的总体要求、主要目标和具体措施进行了顶层规划。收入分配体制改革是扎实推进共同富裕的核心内容，要以优化初次分配结构为基础，以加大再分配力度为关键，充分发挥第三次分配的补充作用，逐步形成公正的收入分配体制和橄榄型的收入分配结构，为实现共同富裕奠定基础。

一、国民收入的初次分配结构及其优化

收入分配是共同富裕关注的首要问题。收入分配有两个层面的含义：其一是国民收入在企业部门、政府部门以及住户部门之间的分配结构，体现了国民收入分配的宏观结构；其二是居民之间的收入分配结构及其差距，体现了微观层面

的分配结构。表4-1呈现了2000—2020年国民收入在企业部门、广义政府部门以及住户部门之间的分配结构，包括各自的总收入占比情况和可支配收入占比情况。通过对表4-1的分析，我们可以得出有关国民收入初次分配结构的若干基本判断：

第一，就住户部门即居民收入占比而言，虽然无论是总收入还是可支配收入，都在三大部门中占据优势地位，但从时间序列上看，2000年之后，住户部门收入占比以2012年为节点整体上呈现出先下降后反弹的趋势，但截至2020年仍未恢复到2000年的水平，这说明我国的居民收入占比仍然有提高的空间。

第二，就住户部门而言，2000—2020年，绝大部分年份其可支配收入占比都低于总收入占比。结合企业部门可支配收入占比低于总收入占比（即企业在二次分配中是净流出）、广义政府部门可支配收入占比高于总收入占比（即政府在二次分配中是净流入）的情况，可以认为，二次分配并未有效地提高居民可支配收入的占比，从而仍然有较大的改进空间。

第三，就企业部门而言，无论是总收入占比还是可支配收入占比，整体上都呈现出先迅速提高至峰值，然后逐渐下降，继而企稳回升但仍未达到历史高点的基本态势。这一方面说明随着我国市场经济的不断完善，企业的总体利润水平正在从超额利润向平均利润转换，另一方面说明近年来的减税降费政策发挥了较为明显的作用。

第四，就企业部门总收入占比和可支配收入占比的差距来看，2000—2015 年，两者的差距基本上呈扩大趋势，从 2000 年不到 2 个百分点扩大到 2015 年的 4.3 个百分点后，到 2020 年又下降到 4 个百分点。这说明，从长期来看，企业为再分配提供了较为充足的资金来源，也即二次分配进一步调整了住户部门和企业部门之间的收入分配结构，且力度逐渐加大。但进一步结合广义政府部门可支配收入占比和总收入占比的变化情况分析发现，广义政府部门可支配收入与总收入占比的差距在 2019 年之前总体呈上升趋势，这丰富了第二点中有关再分配的基本判断，即企业为再分配提供了较为充足的资源，但政府的再分配实际效果却不佳。

表 4-1　企业部门、广义政府部门和住户部门收入占比（2000—2020）（%）

年份	企业部门 总收入占比	企业部门 可支配收入占比	广义政府部门 总收入占比	广义政府部门 可支配收入占比	住户部门 总收入占比	住户部门 可支配收入占比
2000	22.3	20.5	12.8	14.5	64.9	65.0
2001	23.5	21.0	13.0	15.6	63.5	63.4
2002	23.6	21.4	14.3	16.9	62.1	61.7
2003	25.5	23.2	13.8	16.7	60.7	60.1
2004	27.4	24.8	14.1	17.3	58.5	57.9
2005	27.7	24.8	14.3	18.1	58.0	57.0
2006	27.9	24.8	14.5	18.7	57.6	56.5
2007	28.1	24.6	14.4	19.8	57.5	55.7

续前表

年份	企业部门 总收入占比	企业部门 可支配收入占比	广义政府部门 总收入占比	广义政府部门 可支配收入占比	住户部门 总收入占比	住户部门 可支配收入占比
2008	28.9	25.1	14.1	19.4	57.0	55.5
2009	28.0	24.6	14.1	19.0	57.8	56.4
2010	28.0	24.7	14.9	19.6	57.1	55.7
2011	26.5	22.7	15.4	20.6	58.0	56.7
2012	25.4	21.3	15.8	21.4	58.8	57.4
2013	25.2	20.9	15.2	20.9	59.6	58.2
2014	25.2	21.1	15.2	21.0	59.6	58.0
2015	24.5	20.2	14.7	20.7	60.7	59.1
2016	25.0	20.8	14.1	19.8	60.9	59.5
2017	25.6	21.5	13.4	19.6	61.0	58.9
2018	26.1	21.9	12.8	18.7	61.1	59.4
2019	25.9	21.9	12.7	17.8	61.4	60.3
2020	26.9	22.9	11.1	14.9	62.0	62.2

资料来源：相应年份中国统计年鉴。

表4-2进一步展示了2013—2021年全国居民可支配收入的结构及四个组成部分的增速情况。从总体结构上看，工资性收入的占比和增速总体上都比较稳定；经营净收入占比呈小幅下降趋势，增速在2020年因疫情原因降到谷底后，2021年出现猛增，但长期趋势仍有待观察；财产净收入的增速保持在较为稳定的较高水平，由此使得占比虽然在四个组成部分中最低，但呈现出稳步提高的趋势；转移净收入的占比总体上稳中有升，但增速出现明显下降趋势。

表 4-2　全国居民可支配收入结构及增速（2013—2021）（%）

年份	工资性收入 占比	工资性收入 增速	经营净收入 占比	经营净收入 增速	财产净收入 占比	财产净收入 增速	转移净收入 占比	转移净收入 增速
2013	56.86	11.0	18.76	8.3	7.77	15.6	16.61	11.5
2014	56.63	9.7	18.51	8.7	7.87	11.6	16.99	12.6
2015	56.72	9.1	18.01	6.0	7.92	9.6	17.35	11.2
2016	56.48	8.0	17.71	6.6	7.93	8.6	17.88	11.7
2017	56.29	8.7	17.33	6.7	8.11	11.6	18.26	11.4
2018	56.08	8.3	17.19	7.8	8.43	12.9	18.31	8.9
2019	55.92	8.6	17.07	8.1	8.52	10.1	18.48	9.9
2020	55.66	4.3	16.49	1.1	8.67	6.6	19.18	8.7
2021	55.88	9.6	16.78	11.0	8.76	10.2	18.59	5.8

资料来源：根据相应年份中国统计年鉴数据计算所得。

考虑到我国城镇居民和农村居民收入来源的差别，表 4-3 进一步展现了 2013—2021 年城镇居民和农村居民可支配收入结构的差异。从静态结构来看，以 2021 年为例，城镇居民收入来源按占比排序依次是工资性收入（60.07%）、转移净收入（17.92%）、经营净收入（11.35%）和财产净收入（10.66%），农村居民收入来源按占比排序则依次是工资性收入（42.04%）、经营净收入（34.68%）、转移净收入（20.80%）和财产净收入（2.48%）。从四大收入来源的城乡差异来看，在工资性收入方面，城镇居民的占比出现下降趋势，农村居民则呈现上升趋势，并且都是最主要的收入来源，从而充分说明了我国按劳分配的主体地位；在经营净收入方面，城镇居民的比例较为稳定，农村居民则呈现出下降的趋势；在财产净收入方面，城镇居民的比例稳中有升，与经营性收入的比例逐步接近，而农村居民的财产净收入占比较低；在转移净收入方面，无论城乡居民，在总体上都保持了稳中略增的态势。

表4-3 城镇居民和农村居民可支配收入结构（2013—2021）（%）

年份	工资性收入占比		经营净收入占比		财产净收入占比		转移净收入占比	
	城镇	农村	城镇	农村	城镇	农村	城镇	农村
2013	62.78	38.74	11.24	41.73	9.64	2.07	16.33	17.48
2014	62.19	39.58	11.37	40.39	9.75	2.12	16.70	17.89
2015	61.99	40.27	11.14	39.43	9.75	2.21	17.12	18.09
2016	61.47	40.62	11.21	38.35	9.73	2.20	17.58	18.83
2017	61.00	40.93	11.17	37.43	9.91	2.26	17.93	19.38
2018	60.62	41.02	11.32	36.66	10.26	2.34	17.80	19.98
2019	60.35	41.09	11.43	35.97	10.37	2.35	17.85	20.59
2020	60.18	40.71	10.75	35.47	10.56	2.45	18.52	21.37
2021	60.07	42.04	11.35	34.68	10.66	2.48	17.92	20.80

资料来源：根据相应年份中国统计年鉴数据计算所得。

基于上述分析，笔者认为，我国初次收入分配格局优化的总体思路是在稳定并进一步提高住户部门（居民）收入占比的基础上，以加快生产要素的自由流动为抓手，提高财产净收入和经营净收入对居民收入增长的贡献率，平衡好企业税负与转移净支付规模之间的关系，以更加精准有效的再分配政策缩小收入分配差距，走向共同富裕。具体而言：

第一，大力提高住户部门（居民）在初次收入分配中的比重并将其稳定在 65% 左右。其动力一方面来源于劳动力供求关系变化及劳动力素质提升所共同带来的劳动收入水平的稳步提高，另一方面也有赖于生产要素自由流动和参与分配的机制的完善。

第二，要完善各类生产要素自由流动与参与分配的机制，在提高全要素生产率的前提下，为居民收入的增长提供多重动力。要完善劳动要素参与分配的机制，加强人力资本投资，推进新型城镇化，稳步提高就业质量；要完善资本要素参与分配的机制，通过有效的金融服务供给，扩展和增强部分群体获得资本要素的机会和能力，要建立各类资本公平竞争的金融市场环境，防止资本无序扩张[①]；要完善土地要素参与分配的机制，以农村新型集体经济组织为依托，让土地的增值收益成为乡村振兴和农民富裕的重要支撑。

第三，要均衡企业税负和政府财政能力。近些年来，在减税降费的宏观背景下，企业税负大幅度下降，但相应带来的是政府财政汲取能力的减弱和财政资源的减少。根据财政部数据，2016—2020 年，全国宏观税负从 17.47% 降至 15.2%；出口退税总额从 1.17 万亿元增加至 1.45 万亿元，新增减税降费

---

① 李清彬．迈向共同富裕的分配行动探究 [M]．北京：人民出版社，2021：71-88．

累计超过 7.6 万亿元，相当于我国同期 GDP 总量（450 万亿元）的 1.7%[①]。从迈向共同富裕的目标来看，企业税负的下降有利于增加就业和提高工资水平，从而在初次收入分配中有利于居民收入的提高，但财政资源的相对减少则必然会影响再分配的力度和效果。从国际经验来看，发达资本主义国家在初次分配后的基尼系数差距不大，而调节收入分配结构主要依靠再分配手段。因此，在当前宏观税负已经较低的情况下，需要通过完善社会主义市场经济体制来进一步优化初次收入分配结构，同时要确保国家财政资源和财政能力，以更加精准有效的再分配制度来优化收入分配结构。

二、实现更高质量的就业

勤劳创新致富是扎实推动共同富裕的基本原则之一[②]。就业是民生之本，是人们获得劳动收入的基本途径，也是参与社会生活的主要方式。只有实现了更高质量的就业，才能让劳动者的收入稳步提升，才能让劳动者有效参与社会生产生活，从而实现物质财富和精神文化水平的同步提升。党和政

---

① 胡鞍钢，周绍杰.2035 中国：迈向共同富裕 [J].北京工业大学学报（社会科学版），2022，22（1）：1-22.
② 习近平.扎实推动共同富裕 [J].求是，2021（20）：4-8.

府高度重视就业问题。为了应对 2008 年发生的国际金融危机，中央政府先后出台了《国务院关于做好促进就业工作的通知》《国务院关于做好当前经济形势下就业工作的通知》等文件，要求实施更加积极的就业政策；2009 年 12 月，中央经济工作会议指出，要把促进就业作为经济社会发展的优先目标，这是从国家层面正式明确提出"就业优先"[①]。2012年，党的十八大报告提出实现更高质量的就业，标志着就业工作从追求数量的阶段进入兼顾数量和质量的新阶段，2019 年的政府工作报告首次将就业政策列为三大宏观政策之一，在中央提出的"六稳""六保"政策中，就业均居于首位。党的二十大报告进一步强调要实施就业优先战略，促进高质量充分就业。

从就业与共同富裕的关系来看，它不仅是劳动者收入的主要来源渠道，而且会通过收入与财富、收入与支出以及职业与公共服务等关系进一步影响财富分配格局与国民之间的消费差异，因此对实现共同富裕具有基础性和综合性的影响。具体而言，不同职业之间收入水平有显著差距，从而导致劳动者之间工薪收入的差别，并进而导致财富水平和支出水平的差异；部分公共资源的分配与职业身份相挂钩（例如部分行业仍然存在的福利分房、公费医疗等现象），从而导致不同

[①] 张小建.中国就业改革发展40年[M].北京：中国劳动社会保障出版社，2019：204.

职业群体之间公共服务可及性和质量的差异；劳动保护与职业福利的行业间差别是群体之间广义收入差距的重要致因；职业认可度、职业幸福感以及工作生活平衡的差异甚至会进一步影响群体之间精神富裕的程度。

虽然我国的就业形势总体上保持稳定，但仍然面临着劳动力市场存在分割和歧视现象，教育和就业在缩小代际收入分配差距方面的作用不显著，就业形态在愈加丰富的同时稳定性有所下降，劳动者的休息休假权保护不足，劳动者工资报酬稳定增长但快于GDP增速的幅度在下降，劳动争议案件的发生率有所提高，部分困难群体的就业压力持续加大等问题。贯彻落实就业优先政策，实现更高质量就业，既需要不断完善就业政策体系，更需要真正将就业作为宏观政策融入国家发展的重大战略中。

要将高质量就业融入现代化经济体系建设中。要进一步破除劳动力跨区域流动的障碍，利用我国的战略纵深，发挥劳动力总量较大和劳动者素质快速提升的优势，在产业升级和区域发展中，将就业作为重要的参考因素，建成一个充分竞争、自由流动、机会均等、同工同酬的劳动力市场[1]。要大力发展第三产业中的居民服务业等吸纳劳动力较多的行业，要对去产能和产业升级过程中的剩余劳动力进行跟踪服务，将失业率控制在社会可以承受的范围之内。

---

[1] 李实. 共同富裕的目标和实现路径选择[J]. 经济研究，2021，56（11）：4-13.

要将高质量就业融入供给侧结构性改革中。中小企业历来都是提供就业岗位、解决就业问题的主力军。要严格按照"两个毫不动摇"的要求，大力发展非公有制经济和中小企业，要以满足人民日益增长的美好生活需要为出发点，重点发展健康、养老、托幼等吸纳劳动力多的新型服务业，要大力支持社会组织和慈善公益组织的发展，使之成为吸纳就业的新增长点。

要将高质量就业融入新型城镇化进程中。进城农民工对我国经济的快速发展和城镇化水平的不断提高发挥了重要的作用，但在部分超大型城市，仍然有包括社会保障、教育、公共住房等在内的优质公共服务资源以户籍为基础而将农民工排斥在外的现象。因此，要按照新型城镇化的要求，将城市的优质公共服务资源向常住居民开放，实现从经济生产的城镇化向社会融入的城镇化逐步迈进。

要将高质量就业融入乡村振兴战略中。没有相对稳定的农村人口规模，没有高素质的人才，就不可能有乡村的全面振兴。要以农村的特色产业、特殊制度优势为抓手，形成劳动者在城乡之间的双向流动，在乡村振兴中创造更多的高质量就业岗位，让更多高质量的劳动者为乡村振兴添砖加瓦。

要将高质量就业融入教育强国、科技强国、人才强国战略中。党的二十大报告将教育、科技和人才作为中国式现代化的重要支撑,强调三者密不可分。要通过教育提升我国的人力资本水平,为高质量就业奠定基础;要综合评价科技创新对就业岗位的替代效应和创造效应;要为国家培养和储备更多的优秀人才,实现从人力资源大国向人力资源强国的转变。

高质量就业不仅要求劳动报酬稳步提升,还在就业稳定性和发展性、岗位与能力的匹配、员工关系与劳资关系等方面有相应的要求,从而需要实施更加积极的就业政策。具体而言,要建立健全覆盖城乡的均等化就业服务体系,及时为劳动者提供准确的就业信息,促进劳动力市场的供求匹配;要建立多方参与的职业能力终身培养体系,及时根据技术进步情况、知识更新情况和岗位需求,提升劳动者的职业竞争力和劳动生产率;要完善和落实劳动保护制度,建立最低工资标准的稳定增长机制、企业内部的工资协商机制和利润分享机制、社会保险缴费标准和待遇实现的监督机制,优化劳动环境,控制劳动时间和劳动强度,建立更加和谐的劳动关系;要针对就业困难群体,出台更加有力和精准的帮扶措施,采用跨区域就业援助、定向培养专门人才等方式,缩小区域之间的就业质量差距;要更加充分地发挥失业保险的逆周期调节和预防失业的作用,加大在岗位开发、技能培训等方面的支出力度;等等。

第三节 优化收入分配结构的关键之举：加大再分配力度

研究表明，在由市场因素决定的居民收入差距上，我国虽略高于发达国家，但相差不大，我国居民可支配收入不平等程度显著高于发达国家的主要原因在于我国政府收入再分配政策的调节力度相比发达国家而言不足[1]。税收和以社会保障为主要内容的公共服务体系是再分配的主要手段。在税收方面，由于我国目前是以间接税为主体的税制结构，个人所得税等直接税的占比较小，因此我国税制整体是累退的；虽然个人所得税等累进性税收在一定程度上减弱了间接税的累退性，但其规模较小，不足以完全抵消间接税的累退性。有效税率与收入之间的关系在城乡之间存在明显的差异，税收的累退性在农村较城镇更为明显[2]。即使是在具有累进性质的个人所得税中，劳动报酬的最高边际税率是45%，而资本

---

[1] 李实，罗楚亮，等.国民收入分配与居民收入差距研究[M].北京：人民出版社，2020：477.

[2] 岳希明，张斌，徐静.中国税制的收入分配效应测度[J].中国社会科学，2014（6）：96-117，208.

所得的税率仅为20%[1]，这在一定程度上导致我国财产性收入差距显著高于工薪、转移支付等收入差距，且对总收入差距的影响迅速扩大[2]。

再以财政支出为例，党的十八大以来，我们通过不断加强公共财政体系建设，优化财政支出结构，重点向民生领域倾斜，以提高公共财政在调节收入分配结构方面的作用。最新研究发现，2007—2020年间，一般预算民生支出占一般公共预算支出的比重从29.3%上升至38.8%，占GDP的比重从5.4%上升至9.4%；2010—2020年间，广义政府民生支出占广义政府支出的比重在45%上下波动，占GDP的比重从10.6%上升至15.4%，与经合组织中较低水平国家接近[3]。

在总量显著提升的同时，财政民生支出的内部结构仍然存在不少问题，有较大的优化空间。例如，在财政的民生投入中，对城市地区的投入要多于对农村地区的投入，从而不利于缩小城乡差距；为了提高居民社会保险参保积极性，部分地区对居民社会保险的参保补贴采取边际递增的方式，亦

---

[1] 宋晓梧.改革收入分配制度 [M]// 郁建兴.畅通双循环，构建新格局.浙江：浙江人民出版社，2020：126.
[2] 迟巍，蔡许许.城市居民财产性收入与贫富差距的实证分析 [J].数量经济技术经济研究，2012，29（2）：100-112；李实，朱梦冰.中国经济转型40年中居民收入差距的变动 [J].管理世界，2018，34（12）：19-28.
[3] 王列军.我国民生支出的规模、特征及变化趋势 [J].管理世界，2023，39（3）：62-69.

产生了逆向收入再分配的效果；在城市内部，为政府雇员缴纳社会保险费所体现的雇主责任放大了财政支出的民生性；以地方财力为主要考量的一般性财政转移支付制度虽然在一定程度上缩小了区域之间的财力差距，但由于缺乏对地方财政的实际控制力，亦在部分领域存在落后地区补贴发达地区的不正常现象；在部分地区对供给方的补贴导致大水漫灌，增加了很多无效供给，例如在养老服务领域对床位建设的补贴和床位空置现象并存等。

下面，以社会保障制度为例，具体分析再分配力度不足的主要原因。

一、我国再分配力度不足的主要原因：以社会保障制度为例

第一，城乡之间社会保障水平差距仍然较大。进入 21 世纪后，我国的农村社会保障体系建设取得了显著的进展，农村居民最低生活保障制度、新型农村合作医疗制度（后合并成为城乡居民基本医疗保险制度）、新型农村社会养老保险制度（后合并成为城乡居民基本养老保险制度）等基本社会保障制度陆续建立，使得农村居民的社会保障权得以充分实现。但是，受到缴费水平、待遇增长机制等因素的

影响，农村居民的社会保障待遇普遍低于城镇居民，并由此产生了逆向的收入再分配。以养老金水平为例，2021年城乡居民的平均养老金水平仅为每月179元，是上年农村居民人均可支配收入的12.5%，是职工平均养老金水平的6.9%。根据CHIP数据计算的结果显示，个人养老金收入的基尼系数从2002年的0.424上升到2013年的0.464，2018年进一步增加至0.524[①]。有鉴于此，迫切需要加大财政对农村地区社会保障的投入，不断缩小城乡居民的社会保障待遇差距。

第二，部分社会保险制度中的定额缴费机制不合理。目前我国针对城乡居民的基本养老保险制度和基本医疗保险制度均采取多个档次、定额缴费的方式。这种缴费方式考虑到了农村居民收入周期较长、收入水平不稳定。但是，定额缴费机制却必然会造成参保者的逆向选择行为，进而导致收入逆向再分配。以医疗保障制度为例，无论参保者的收入水平有多高，在定额缴费、自主选择、待遇水平与缴费水平无直接关联的制度规则下，人们必然都倾向于选择最低档的缴费，而较高收入群体由于健康管理意识更强烈，因而极有可能占用更多的医疗保障资源，由此导致中低收入群体的缴费反向补贴给中高收入群体。有鉴

---

① 李实. 共同富裕的目标和实现路径选择[J]. 经济研究，2021, 56（11）: 4-13.

此，应当尽快完善城乡居民社会保险的缴费方式，改定额缴费为定比例缴费，并以年度为缴费周期，以适应城乡居民收入来源的周期性；对于无法确定收入的，则可以将农村居民人均纯收入和社会平均工资作为两档供参保者自行选择。

第三，社会保险制度的总体统筹层次有待提高。我国的《社会保险法》明确规定，养老保险制度实行全国统筹，其他社会保险制度实行省级统筹。统筹层次越高，社会保险制度的互助共济性就越强，其再分配力度就越大。然而，受到制度发展路径、财政体制等多方面因素的制约，我国社会保险制度的总体统筹层次还不高。其中，职工基本养老保险制度于2021年正式实施调剂式的全国统筹，尚未真正实现统收统支的全国统筹；部分地区的职工基本医疗保险制度实施了省级调剂金制度；其他各项社会保险制度基本处于市级统筹甚至区县级统筹的层次。

第四，多层次社会保障体系结构性不均衡扩大了收入分配差距。多层次社会保障体系建设是实现责任共担、有效应对人口老龄化、确保制度长期可持续发展的重要原则，也是党的二十大报告、"十四五"规划纲要等重要文件对社会保障体系建设的基本要求。但是，目前我国的多层次社会保障体系建设实践存在结构性缺陷。统计数据显示，截至2021年年底，全国仅有11.75万户企业建立了企业年金，参加职工仅有 2 875 万人[1]；税收递延型商业养老保险自 2018 年 5 月在部分地区试点以来，截至 2020 年 4 月，累计保费收入仅为 3 亿元，参保人数 4.76 万人[2]。无论是第二支柱还是第三支柱，其发展都远远不如预期。相比而言，针对公职人员的职业年金则发展迅猛，2015 年建制后，2019 年年中的参保率就达到 82%，2021 年职业年金基金投资规模就达到 1.79 万亿元，其参保率和增长速度都远超企业年金。由此不难发现，目前我国的多层次社会保障体系存在结构性不均衡的问题，在基本社会保障制度中待遇相对较高的群体（如公职人员和部分垄断行业的企业雇员），其补充保障发展得亦较好，这样的锦上添花虽然客观上保障了这部分群体的福利水平，但从总体和比较的视角看，却拉大了不同群体之间的福利水平差距。

二、进一步提高公共财政支出的精准性和有效性

针对上述问题，需要在确保财政民生投入规模的前提下，进一步提高财政支出的精准性和有效性，从而更好地发挥再

---

[1] 数据来源于《2021 年度人力资源和社会保障事业发展统计公报》。
[2] 江帆. 保费收入和参保人数远低于市场预期：税延养老险为何叫好不叫座 [N]. 经济日报，2020-07-06（7）.

分配的功能。

  首先，要进一步增加对农村地区和农村居民的投入。在脱贫攻坚战中，各级财政通过直接投入或拉动社会投入，对农村地区，尤其是贫困地区基础设施进行了大范围的优化改造，使得农村的硬件设施和环境得到了普遍的改善。但是，在各项民生投入方面，农村地区的人均投入水平仍然较低，并且与城镇地区有较为显著的差距。以养老保险制度为例，2021年城乡居民基本养老保险人均财政补助为582元，职工养老保险人均财政补助为2461元，后者为前者的4.2倍[1]。因此，需要进一步加大对农村地区硬件设施建设和民生建设的财政投入。在硬件设施建设方面，应当按照农村实际人口的分布情况和产业发展的需要，加大医疗健康、养老服务以及农业设施改造等方面的投入。在民生建设方面，第一，要与硬件设施建设相配套，加大对民生服务提供者（如基层医生、养老护理员等）的补贴力度；第二，在缴费类项目中，要将缴费补贴与待遇补贴相结合，其中缴费补贴主要针对从事自雇农业劳动的传统农民，以体现国家财政的雇主责任，待遇补贴则应以当地物价水平而非财政能力为主要参考标准，进行均等化给付。有鉴于此，建议将人均财政民生支出作为重

---

[1] 职工养老保险财政补助包括财政对企业职工基本养老保险基金的补助和对机关事业单位基本养老保险基金的补助。数据来源于财政部预算司网站公布的2021年全国一般公共预算支出决算表，见 http://yss.mof.gov.cn/2021zyjs/202207/t20220728_3830482.htm。

要的评价指标，确保农村居民人均财政民生支出的增幅快于城镇居民，以达到缩小分配差距的目的。

其次，财政投入要以均等化为主、以激励性为辅。如前所述，在部分缴费类社会保障项目中，为提高参保者的缴费积极性，财政补贴采取了边际递增的方式，即个人缴费水平越高，财政补贴水平也越高。这种以激励为主要目的的补贴方式会产生逆向的收入再分配效应，并未取得良好的效果，城乡居民养老保险的人均缴费金额长期处于较低的水平，制度设计的激励效应并未得到居民的行为认可。鉴于财政的公共性特征，建议在补贴型项目中，要以均等化为主、以激励性为辅，即使要发挥激励性，也要采取增幅边际递减和设置上限等方式，增强财政补助的精准性和公平性。

再次，要进一步厘清中央财政和地方财政的支出责任，防止区域间财政能力的差异放大到国民收入及生活质量的差异上。2018年2月，国务院办公厅发布《关于基本公共服务领域中央与地方共同财政事权和支出责任划分改革方案》，对公共服务领域主要支出责任方面的央地关系进行了明确，从而避免了不同地方与中央财政"背靠背"谈判博弈的情况。在这个领域，一方面，要进一步优化财政转移支付制度。财政转移支付对于平衡不同区域的财政能力，确保基本民生支出具有重要作用，也体现了全国一盘棋的制度优势。以养老金制度为例，2021年中央对地方转移支付决算表显示，基本养老金转移支付达到8 889.22亿元，占当年财政对基本养老保险基金补助总额的91%。但从分省（区、市）的转移支付金额来看，2021年职工养老保险抚养比排名前三位的广东、福建和北京也分别获得了100.26亿元、27.54亿元和5.63亿元的转移支付，从而说明转移支付制度仍然有进一步完善的空间。另一方面，要防止将区域间财政能力差异过分放大到居民生活待遇领域，从而扩大分配差距。例如，笔者在调研中发现，不同财力地区基础养老金水平差距大大超过区域间老年人基本生活水平的差距，从而既不符合"保基本"的要求，也客观上扩大了差距。

又次，更好地发挥财政资金的撬动作用。财政资源总体是有限的，不能完全依靠财政资源进行直接投入，而需要更好地发挥财政资金对社会资源的撬动作用，产生极数效应。具体包括：要采取更多形式的"政社合作"方式，通过政府购买、民办公助等方式，加强与社会组织的合作，并且提高其专业能力。要加强与市场主体的合作，在企业登记注册、税收、土地使用等方面，吸引具有竞争力的优质企业，尤其是大型国有企业参与福利提供。相关行业也可以向国际资本开放，但需要通过价格管控等方式将其利润率控制在合适的范围之内。要通过慈善事业更好地调动民间的资源。新冠疫情防控中，慈善捐赠额再创新高，充分说明了我国民众"有善心、有善举",要进一步简化慈善捐赠的免税程序,支持民众的慈善义举。要更好地发挥慈善信托的作用,不断壮大慈善资源,争取在2035年时,所募款物的折合价值达到GDP的1.5%。要进一步扩大福利彩票的销售规模和彩票公益金的规模,将其作为社会福利事业发展的有效补充。

最后,针对不同群体设计不同类型的财政支出项目,增强精准性和有效性。正如上文所分析的,迈向共同富裕需要对不同的群体精准施策:对于有劳动能力的群体而言,应当加强人力资本投资,在教育、技能培训等方面加大投入,并通过完善市场机制,使之能够在初次分配格局中占据相对优势的地位,在提高就业质量的同时获得体面的收入;对于丧失劳动能力或劳动能力严重不足的人群(如重度残疾人)而言,显然无法通过以资源禀赋为基础的市场机制来解决他们的收入提升问题,从而必须依靠再分配手段。对于第一类人群需要以教育补贴、儿童期营养补贴、就业技能补贴等方式进行财政投入;对于第二类人群则需要以家计调查和劳动能力鉴定为前提,以收入补差和支出补贴(豁免)的综合性社会救助制度为支撑,以最低水平共同富裕为标准[①],确保在共同富裕的道路上一个人都不掉队。

---

① 李实,陈宗胜,史晋川,等."共同富裕"主题笔谈[J].浙江大学学报(人文社会科学版),2022,52(1):6-21.

第四节　优化收入分配结构的有益补充：第三次分配

一、对第三次分配进行准确定位和系统谋划

在党中央提出扎实推进共同富裕，构建初次分配、再分配和第三次分配协调配套的收入分配体系后，有一些观点认为第三次分配能够在调整和优化收入分配结构中发挥重要作用。这种观点是有待商榷的。从全球慈善事业发展的情况来看，它具有显著的补充性，只有在初次分配效果不佳、再分配力度不足的国家，以慈善事业为主体的第三次分配才会占有较大的份额，最典型的就是美国。我国是社会主义国家，随着中国特色社会主义市场经济不断完善，以公共财政支出和社会保障为主体的再分配效应日益显著，从而既不必要也无可能由第三次分配来发挥决定性作用。以捐赠为基础的慈善事业，作为第三次分配的主要形式，在我国的收入分配格局大调整中，应当准确定位于补充之功能。它以企业社会责

任和公民道德追求为基础,以慈善捐赠和慈善服务为主要形式,以特殊事件和专门群体为主要指向,在对分配结构进行微调的同时,更多地发挥道德教化和社会风气营造的作用。

当然,我们也要积极推动慈善事业健康良性发展,因为它是我国社会保障体系的有益补充,也是公民参与自愿共享的重要途径。2016年《慈善法》的颁布实施更是为我国慈善事业健康发展创造了好的外部环境。在新冠疫情防控中,各类慈善组织积极动员社会资源,在早期的疫情严重地区,对于弥补公共资源的不足发挥了非常重要的作用,足以说明我国的慈善事业有很好的群众基础与很大的发展空间。具体措施包括:(1)真正花大力气进行慈善组织的能力建设,提高慈善组织的专业化水平。专业化分工是从传统慈善向现代慈善转变的根本标志。目前,我国慈善组织总体的专业化水平还不高,其能力无法满足公众的需求和预期,尤其是在信息公开、服务递送以及管理成本控制等方面仍有较大的提升空间。(2)要实现慈善事业从筹集资金向兼顾资金与服务的转型。随着社会福利事业的不断发展,慈善组织应当成为社会服务的重要提供方。目前,我国慈善组织的结构是以基金会为主,社会服务组织数量有限。要进一步改革社会组织的登记程序和慈善组织的认定方式,在慈善组织中引入"二次分工",形成基金会专事筹资、社会服务组织专事服务递送的新格局。争取到2035年时,社会服务类的慈善组织能够占全部慈善组织的60%以上。（3）要加强枢纽型慈善组织建设，建立政府与慈善组织的良性合作机制。慈善组织的发展既要弥补政府公共服务的不足，也要在政府的统一规划下形成有序的服务供给格局。根据新冠疫情防控的经验，要加强枢纽型社会组织的建设，并切实提高其公信力和组织力，使之真正成为政府与社会组织之间的桥梁和纽带，使有限的社会资源得以更加合理和公平地分配。（4）要让慈善信托真正发挥作用，不断壮大慈善资源。在《慈善法》中，专门设置了"慈善信托"一章，用以支持慈善信托的发展，但目前我国慈善信托的规模还比较小，与我国的经济发展水平和企业发展水平不相匹配。因此，有必要进一步加强企业社会责任的建设，鼓励发展慈善信托，让慈善资源更加丰富。

二、关注和支持各种慈善新形态的发展

近些年来，伴随着国家对扎实推进共同富裕的倡导以及互联网技术的广泛应用，在慈善领域出现了一些新的业态，主要包括以互联网为基础的网络慈善和部分行业头部企业主动以市场化和社会化的方式，充分利用自身的技术和产业优势，致力于解决国家社会发展中重大问题的可持续社会价值创新实践。这些新的慈善业态，值得高度关注和大力

支持。

在网络慈善方面,主要有两种形式:其一是传统的慈善组织以网络为平台进行筹资。2016年在《慈善法》通过后,民政部等四部委制定了《公开募捐平台服务管理办法》,2017年民政部又出台了《慈善组织互联网公开募捐信息平台基本技术规范》和《慈善组织互联网公开募捐信息平台基本管理规范》两项推荐性行业标准,为网络慈善平台的运营和监管提供了政策依据,并先后依法指定了三批共30家互联网募捐信息平台。据统计,在民政部指定的互联网募捐信息平台上筹集的善款2017年超过25.9亿元,占社会捐赠总量(1 499亿元)的1.7%;2018年超过31.7亿元,占社会捐赠总量(1 128亿元)的2.8%;2019年超过54亿元,占社会捐赠总量(1 330亿元)的4.1%;2020年为82亿元,占社会捐赠总量(1 520亿元)的5.4%;2021年,互联网募集的善款近100亿元[①]。这种形式是将传统的慈善募捐从线下转移到了线上,但募资的主体性质并没有发生变化,从而相对容易进行监管和规制。

其二是以互联网平台为依托,以个人求助为主要内容的网络慈善。以筹款量最大的某某筹为例,该平台于2016年7月上线,当年捐助人数为130万人,2017年全年捐助人数猛

---

① 谢琼. 中国网络慈善的创新价值与未来发展 [J]. 社会保障评论,2022,6(3):135-147.

增到 6 303 万人，是 2016 年的 48.5 倍，2020 年全年捐助人数已达 1.59 亿人，约为 2016 年的 122.3 倍。截至 2021 年 9 月，某某筹为经济困难的大病患者筹款超过 456 亿元，超过 3.7 亿人共计产生 13 亿人次的捐助行为，累计救助 200 多万名困难大病患者[1]。这种新慈善形式以求助人自己在网络平台上发布求助信息为前提，通过互联网的方式得以快速传播并进行募资。这种新慈善形式面临着求助人信息核实、互联网平台的监管和责任边界、筹资信息的公开和反馈等问题。从实践效果看，上述以互联网为平台的慈善新形式，不仅对遭遇重大困难的群体发挥了重要的帮扶作用，而且极大地调动了人们参与慈善的积极性。虽然当前会面临监管困难等新问题，但有关主管部门应当对网络慈善的新形态予以规范、引导和支持，顺应互联网时代慈善发展的新要求。

可持续社会价值创新则是近些年来部分行业头部企业积极助力共同富裕，致力于解决国家社会发展中重大问题的一种全新尝试。在党中央提出扎实推进共同富裕的目标后，包括腾讯、阿里等在内的行业头部企业纷纷成立专项基金或专门部门，致力于发挥企业的技术或产业优势，瞄准乡村振兴、积极应对人口老龄化、健康中国建设、碳中和与碳达峰等国家发展的重大议题，积极开展社会创新实践，探索解决上述

---

[1] 王海漪. 网络大病救助应纳入多层次医保体系 [J]. 中国医疗保险, 2021（12）: 33-37.

重大社会发展问题的有效路径。这是我国企业发展的一个全新阶段和全新尝试，也是中国特色社会主义企业使命担当的集中体现。可持续社会价值创新有四个基本特点。其一是以国家发展和社会进步中的重大问题为导向。它不以企业的经营范畴为边界和约束，而是要将企业的技术优势和产业优势应用到解决国家重大问题的创新思路中，从而体现了企业行动的社会价值。其二是以创新为基本手段。与公共部门解决重大问题的行政逻辑不同，企业主要通过技术创新、模式创新和应用场景创新，探索解决重大问题的可行思路。其三是以形成可持续的模式为目标。与传统慈善行为旨在解决某个区域、某个群体的困难不同，可持续社会价值创新致力于寻找具有可推广价值的问题解决范式，在解决个别问题的同时，寻找到一般规律。其四是以社会价值和经济价值的双轮驱动为基本特征。与传统慈善事业主要通过经济投入实现社会价值不同，可持续社会价值创新要实现经济价值和社会价值的双轮驱动，在确保经济可持续性的前提下，更好地实现社会价值、解决社会问题。腾讯作为互联网的头部企业，是可持续社会价值创新概念的提出者、倡导者和实践者，并且在乡村振兴、应急管理、银发科技以及普惠教育等方面做出了积极的尝试，取得了初步的成果。

总之，可持续社会价值创新超越了企业以捐赠为主要形式的传统慈善行为，也超越了企业社会责任的西方范畴，充分体现了社会主义企业——无论是公有制企业还是民营企业——为国家发展和社会进步所做的积极探索和努力。国家有关部门需要按照"两个毫不动摇"的原则，支持、鼓励和引导企业开展可持续社会价值创新，更加充分地发挥社会主义企业在扎实推进共同富裕中的作用。

| 第五章 |

基本公共服务均等化与共同富裕

第一节　基本公共服务均等化的内涵

共同富裕不仅是物质生活层面的,而且应当是公共服务层面的。有研究发现,我国居民在公共服务获得性上的差距并不小于收入分配领域的差距。因此,提高公共服务的均等化程度也应当是扎实推进共同富裕的题中应有之义。在理论学术界,有关国民基本收入(UBI)的讨论方兴未艾,而关于国民基本服务(UBS)的讨论又正在兴起。笔者认为,公共服务均等化主要有以下四个方面的含义,并且是依次递进的。

首先,是权利上的均等化。它是指国民无论户籍、性别、身份、收入水平或职业,都应当有均等化地享有相关公共服务的权利。权利的均等化是绝对的，主要通过立法的方式来实现赋权。然而，我国社会建设和公共服务领域的法律总体而言相对滞后，在社会保障领域就只有《社会保险法》《军人保险法》和《慈善法》，有关社会服务领域的立法还尚未提上议事日程。没有法律，就无法明确权利。因此，在依法治国的背景下，要着力加快"一老一小一残"群体社会服务方面的立法，明确公民享有基本公共服务和特殊社会服务的权利。要将严禁公共服务享有过程中实际存在的户籍歧视、身份歧视等内容写进法条。

其次，是内容上的均等化。均等化的对象是多维度的，包括不同性别、不同区域、不同群体等，目前我国公共服务均等化的对象主要是城乡居民，即城乡居民之间可以实际享受到的公共服务内容仍存在较大差异。以养老服务为例，我国的老年人口分布呈现出农村老年人绝对数量和相对比例都高于城市的基本特征，但是在养老服务供给方面，现实却是城市供给总量和质量都高于农村。在基础教育、儿童抚育、失能照护等领域也都存在类似的问题。在传统的农业生产方式下，土地虽然能够在一定程度上发挥经济保障的作用，但却完全无法发挥服务保障的作用；而在城乡单向人口流动过程中，传统的家庭服务保障能力更是显著弱化。城乡居民在物质保障项目给付水平上的差距不应当进一步扩大到社会服务领域。公共服务内容上的均等化需要通过建制来实现，要制定和不断完善基本公共服务目录清单，明确基本公共服务的内容和责任主体，经济实力较强的地方可以增加清单内容，但需要将区域之间的项目差异控制在合理的范围之内。例如，近期就需要尽快建立基本养老服务制度，明确城乡居民可以享受的基本养老服务内容。

再次，是水平上的均等化，即城乡居民在以现金给付为主要方式的公共服务领域的差距应当控制在合理的范围之内。进入21世纪以来，我国通过加快农村地区的公共服务制度建设，使得城乡居民在公共服务内容上的均等化得到初步实现，农村居民也有了养老金制度、基本医疗保险制度、最低生活保障制度等，但是城乡之间的水平差距仍然较大，并且在部分项目中呈现出差距拉大的不良趋势。水平上的均等化并不意味着城乡居民在所有现金给付类项目上的水平完全一致，而应当与制度目标和内在规则相吻合。例如，以维持最低生活为标准的低保制度就应当实现城乡标准统一；而与缴费水平相挂钩的基本养老金则应当与老年人基本生活成本关联；医疗保障则应当确保在遭遇同样疾病时，个人承担的医疗费用比例相对一致；等等。考虑到城乡经济发展水平和个人缴费能力上的差别，给付水平的均等化需要通过财政转移支付来实现。

又次，是可及性上的均等化，即城乡居民在公共服务方面的可及性要相对均等，无论其身份、职业、收入水平如何，也无论其是否残障，都应当相对便利地获得所需要的公共服务。在立法明确了权利，建制明确了内容之后，就需要通过公共服务设施的建设来提高可及性。只有基本养老服务制度，却没有提供养老服务的机构，人们还是无法获得服务；有了养老服务机构，却分布分散，远离老年人居住的核心区域，人们依然无法便利地获得服务。现在很多地区着力打造的"15 分钟生活圈""20 分钟养老圈"等，就是以可及性作为主要目标的。在这个方面，要打破传统的行政区划标准，按照人口的实际分布情况确定公共服务设施的分布，从而提高社会服务的可及性。

最后，是服务质量的均等化。这是公共服务均等化的最高目标，也是实现难度最大的。在公共服务领域，如果说水平上的均等化需要通过财政转移支付等方式来实现，那么服务质量的均等化要依靠高水平的服务人员来实现。与第一和第二产业中技术进步和人工智能的广泛应用对人力资源产生了一定的替代效应不同，在公共服务领域，供给的主体仍然主要是人，且服务质量主要取决于服务人员的专业化程度。服务人员的相对缺乏也一直是社会服务领域的困难所在，例如养老护理员长期以来供给不足、稳定性不高、收入较低、职业的社会认同度低等，都是影响养老服务供给质量的重要因素。服务质量显然无法做到绝对的均等化，而应当从缩小基本公共服务的差距着手，逐步建立和完善针对服务提供人员的引导和激励机制。

第二节　基本养老服务均等化

我国的养老服务体系建设经历了一个从覆盖部分老年人到覆盖全体老年人的过程。长期以来，受到经济发展水平和传统家庭养老观念的影响，我国的养老服务体系主要针对农村的"五保"老人和城镇的"三无"老人，即缺乏家庭支持的弱势老年群体。其主要形式则是以集中供养为主、以分散供养为辅，组织载体是农村的敬老院和城镇的福利院，充分体现了兜底性的原则。然而，随着家庭规模的小型化和供养能力的相对下降，养老问题成为一个重要的社会问题。有鉴于此，党和政府结合中国国情，提出了机构养老、社区养老和居家养老相结合的具有中国特色的养老模式。

截至 2021 年年底，全国共有各类养老机构和设施 35.8 万个，养老床位合计 815.9 万张，其中，社区养老服务机构和设施 31.8 万个，共有床位 312.3 万张。全国共有 3 994.7 万老年人享受老年人补贴，其中享受高龄补贴的老年人 3 246.6 万人，享受护理补贴的老年人 90.3 万人，享受养老服务补贴的老年人 573.6 万人，享受综合补贴的老年人 84.2 万人。全国共支出老年福利资金 386.2 亿元，养老服务资金 144.9 亿元[①]。面向全体老年人的养老服务体系正在逐步建成。然而，我国的老龄化程度不断加深，老年人规模不断扩大，对养老服务质量的要求不断提高，而我国的养老服务资源仍存在总量不足、分配不均的情况，从而有必要在理性判断我国老龄化程度和趋势的基础上，稳步实现基本养老服务的均等化。

一、对中国人口老龄化形势的理性判断[②]

第一，中国是全世界老年人口最多、老龄化速度较快的国家，但并非老龄化程度最高的国家。鉴于人口基数较大，中国是全世界唯一老年人口超过 2 亿人的国家。表 5-1 列出了 2019 年全球老龄化程度最高的十个国家。相比而言，中国 2020 年 65 岁及以上人口占比为 13.5%，在有数据的 200 个国家和地区中排名第 60 位。但是，中国的老龄化速度较快。2010—2020 年，60 岁及以上人口占比上升了 5.44 个百分点，65 岁及以上人口占比上升了 4.63 个百

[①] 数据来源于《2021 年民政事业发展统计公报》。
[②] 本部分内容参见拙作《系统集成视角下积极应对人口老龄化的社会保障改革研究》（载《学术研究》2021 年第 8 期）。

分点，比上一个十年的增幅分别提高了 2.51 个和 2.72 个百分点[①]；同期全世界 65 岁及以上人口占比只上升了 1.76 个百分点。从老龄化（65 岁及以上人口占比超过 7%）到深度老龄化（65 岁及以上人口占比超过 14%），中国用了 25 年的时间，与日本（26 年）相当，比英国（45 年）、德国（66 年）、法国（115 年）快了很多[②]；根据预测，从深度老龄化到超级老龄化（65 岁及以上人口占比超过 21%），相比德国的 35 年、日本和美国的 15 年，中国的过渡期只有 10 年[③]。即便如此，根据世界银行的预测，中国在全球的老龄化程度排名也只是从当前的第 60 位提升到 2050 年的第 41 位。

表 5-1 2019 年全世界人口老龄化程度最高的十个国家

国家	65 岁及以上人口占比（%）	人均 GDP（美元现价）
日本	28.00	40 113.06
意大利	23.01	33 566.79
葡萄牙	22.36	23 284.53
芬兰	22.14	48 711.56
希腊	21.94	19 150.79

① 国家统计局. 第七次全国人口普查公报（第五号）[R/OL].（2021-05-11）[2023-03-09].http://www.stats.gov.cn/tjsj/zxfb/202105/t20210510_1817181.html.
② 邬沧萍，等. 社会老年学 [M]. 北京：中国人民大学出版社，1999：160.
③ 李乐乐，杨燕绥. 人口老龄化对医疗费用的影响研究：基于北京市的实证分析 [J]. 社会保障研究，2017（3）：27-39.

续前表

国家	65岁及以上人口占比（%）	人均GDP（美元现价）
德国	21.56	46 467.52
保加利亚	21.25	9 828.15
克罗地亚	20.86	14 944.36
马耳他	20.82	30 186.20
法国	20.39	40 380.10

资料来源：世界银行数据库（https：//data.worldbank.org.cn/indicator/）。

第二，当前中国的老龄化致因是老年人口增速快于总人口增速，但21世纪中叶之后老年人口绝对数量也将开始下降。预期寿命的延长和总和生育率的下降是老龄化的两个主要致因。目前我国老龄化的主要原因是老年人口增速快于总人口增速，或老年人口数量增长但总人口数量下降。根据翟振武等的预测[①]，老年人口数量在2055年之前都将持续增长，之后老年人口和总人口数量都会下降。这意味着在21世纪中叶之前，老年人的总数都在不断增长，从而会对养老服务带来持续压力。

第三，中国的老龄化呈现出显著的城乡差异和区域差异。七普数据显示，我国农村地区60岁及以上和65岁及以上老年人口的占比分别为23.81%和17.72%，比城镇分别高

---

① 翟振武，陈佳鞠，李龙.2015—2100年中国人口与老龄化变动趋势[J].人口研究，2017，41（4）：60-71.

7.99个和6.61个百分点。与2010年相比，60岁及以上和65岁及以上老年人口占比的城乡差距分别提高了4.99个和4.35个百分点。在老年人口城乡非均衡分布的情形下，我国无论是养老保险还是养老服务，城镇地区的制度和设施都相对更加完善，从而导致了老年人口分布与老年保障制度供给在城乡之间的倒挂。与此同时，我国的老龄化在地区之间也存在显著的差异。研究发现，我国人口老龄化的地区差异指数从2010年的0.14上升到2020年的0.17，地区差异程度在不断上升[1]。

第四，老年人口中的高龄人口占比不断提高，从而对健康老龄化带来更大挑战。根据世界卫生组织对中国的估计，虽然中国男性和女性的平均预期寿命和健康预期寿命都有明显增长，但平均预期寿命和健康预期寿命的差距并没有明显缩小[2]，这说明我国健康老龄化的程度滞后于老龄化的程度。进一步地，伴随着出生队列的向前推移，老年人口的内部结构也将发生变化。未来十年，我国老年人口增长仍以80岁以下的低龄老人为主。但2030年之后，高龄老人占比将快速上升。80岁及以上的高龄人口预计2030年为5 448万人，2050

---

[1] 林宝.积极应对人口老龄化：内涵、目标和任务[J].中国人口科学，2021（3）：42-55，127.

[2] 陆杰华，阮韵晨，张莉.健康老龄化的中国方案探讨：内涵、主要障碍及其方略[J].国家行政学院学报，2017（5）：40-47，145.

年将达到 1.33 亿人，占到全球的 26.2%[①]。高龄化意味着失能老年人数量及比例的提高。第四次中国城乡老年人生活状况抽样调查结果显示，2015 年我国失能、半失能老年人约为 4 063 万人。若保持 2015 年分年龄的失能水平不变，则预测显示，2030 年我国失能、半失能老年人将达到 7 611 万人（其中半失能老人 6 463 万人，失能老人 1 148 万人），2050 年将增至约 1.2 亿人（其中半失能老人 1 亿人左右，失能老人约 2 072 万人）[②]，其中高龄失能老人约 3 671 万人[③]。高龄老人规模和比例的提高意味着老年群体健康和护理问题将更加突出。

第五，中国老年人的需求结构正在发生重要变化。按照世界卫生组织 2002 年提出的积极老龄化框架，老年人不仅有经济和服务方面的保障需求，还有健康和社会参与等方面的需求。伴随着我国社会保障制度的逐步建立和完善，城乡绝大多数老年人都能按时领取数额不等的养老金，尤其是城镇职工养老金已经连续 17 年增长。老年人的需求结构正在从以物质需求为主转变为由物质需求、服务需求、精神慰藉需求

[①] 葛延风，王列军，冯文猛，等.我国健康老龄化的挑战与策略选择[J].管理世界，2020，36（4）：86-96.

[②] 葛延风，王列军，冯文猛，等.我国健康老龄化的挑战与策略选择[J].管理世界，2020，36（4）：86-96.

[③] 孙鹃娟，高秀文.国际比较中的中国人口老龄化：趋势、特点及建议[J].教学与研究，2018（5）：59-66.

以及社会参与需求等共同构成。面对这种转变，老年人对高质量服务的需求尚未得到有效满足，社会参与的渠道非常有限，老年人力资源开发相对不足，全周期健康管理体系尚未建立，临终关怀、殡葬服务[①]等基于全生命周期的老年人支持体系建设还比较落后，从而亟须推进养老保障体系的供给侧结构性改革。

二、推进基本养老服务均等化的总体思路

第一，打破机构养老、社区养老和居家养老的边界，深入推进养老服务的供给侧结构性改革，构建以居家为场景、以社区为依托、以专业机构为供给主体的新养老服务格局。目前，我国已经初步形成了机构养老、社区养老和居家养老相结合的养老服务供给体系，但机构养老主要针对院内老人，虽然服务较为专业，但惠及人群有限；社区养老目前定位不准、功能不足，在实践中成为本社区可自理老年人文娱生活和餐饮服务的主要载体；居家养老最符合中国的文化传统和老年人的偏好，但居家环境缺乏无障碍改造，家庭规模的小型化使得家庭成员无法实际承担照料责任。就整体规划而言，

---

① 郭林.中国殡葬服务：核心问题与发展思路[J].社会保障评论，2020，4（3）：90-106.

无论是"9073"[①]还是"9064"的发展目标，都意味着前述三种养老服务模式非此即彼的板块式结构关系。有鉴于此，需要重构养老服务的总体格局，以机构社区化，社区连锁化、品牌化，居家服务标准化为基本思路，构建机构在社区开连锁门店并提供上门居家服务的新服务形态。只有如此，才能充分发挥机构专业服务之所长，并通过社区化的方式扩大供给对象，从而让更多的老年人能够享有高质量的基本养老服务。

第二，以失能程度和家庭经济状况为标准，明确基本养老服务的供给对象，实现精准服务。老年人的自理能力不同，所需要的基本养老服务内容就有所不同，不能简单以年龄为标准提供服务，而要以尊重老年人意愿、支持老年人自主为基本原则。目前养老服务主要包括"助餐、助洁、助浴、助医、助行、助急"等内容，以目前广受欢迎的小餐桌为例，虽然便利了老年人的餐饮，但如果全程无须老年人参与，则反而不利于其维持基本生活能力，从而仍有改进的空间。在付费方式上，则要以家庭收入为标准，同等程度的失能老年人，由于其家庭收入水平不同，其支付能力也会有所不同。其中，中低收入家庭的老年人可以选择由公立机构或非营利性机构提供服务，中高收入家庭的老年人可以选择营利性机构的高质量、增值性服务，长期护理保险则应以失能程度为

---

① 即90%的老年人居家养老，7%的老年人社区养老，3%的老年人机构养老。

标准进行统一给付，从而形成多层次的基本养老服务供给体系。

第三，大力支持市场化、社会化的基层整合式养老服务组织发展。每一个老年人的需求都是有结构差异的整体，从而迫切需要微观层面上的整合型服务。虽然我国已经提出了医养结合、康养融合的发展方向，但实践中仍停留在机构简单整合的层面，而未形成可以普遍推广的模式。有鉴于此，建议借鉴基层"儿童主任"的做法，大力发展市场化或社会化的整合式养老服务组织。此类组织以老年人个体为服务对象，以需求评估为基础，以提供资源整合的系统解决方案为目标。具体而言，就是根据老年人及其健康状况、家庭的经济状况及其他个性化需求，整合一定区域范围内的服务供应商（包括日常生活照料、医疗保健、社会参与等），满足老年人不同类型的需求。此类组织既可以采取市场化运行的方式，也可以采取社区社会组织的方式，其本质就是按照平台的思维，整合不同类型的专业为老服务机构，提高老年人整体生活质量。

第四，更好地发挥互联网、人工智能等现代科技的作用，助力养老服务的智能化和均等化。目前，以健康监测、行为能力监测为主要内容的养老科技产品层出不穷。大量研究发现，无论是在机构环境中还是在居家环境中，老年人因跌倒而造成的损伤是其自理能力下降的最主要致因，从而极有必要通过现代技术手段对老年人,尤其是独居老年人的健康状况、行动能力进行适时监测和预警,对有损老年人身体和心理健康的行为进行预防。更为重要的是,现代科技产品在适老化方面的应用可以从根本上降低养老服务资源在城乡和区域之间的非均等化程度,极大地节约人力成本,为老年人构建更加安全的生活环境。在这方面,应当大力支持以养老服务为应用场景的新科技产品开发,并通过居家环境的适老化改造进行推广。

第三节 基本医疗健康服务均等化

医疗健康服务是重要的基本公共服务,没有健康就没有发展,健康是一切发展的基础。中华人民共和国成立以来,党和国家始终将人民健康放在首位,我国居民的健康状况得到了极大的改善和提高,较为成功地应对了 SARS、新冠疫情等重大突发公共卫生事件。党的十九大报告提出了健康中国的发展战略,更是将医疗健康服务提升到了前所未有的高度。从共同富裕的角度来看,医疗健康服务主要可以产生两个方面的作用:其一,完善的医疗保障体系可以免除人们疾病经济负担的后顾之忧,避免重大疾病带来的灾难性支出影响家庭的收入和支出水平；其二，高质量均等化的全生命周期健康服务是重要的人力资本投资，可以显著提高劳动者的市场竞争力和劳动生产率，从而有利于提高劳动者收入、优化收入分配结构。

一、推进基本医疗健康服务均等化的原则

第一，将健康融入所有政策。习近平总书记明确要求，"要推动将健康融入所有政策"[①]。健康是个人自由而全面发展的基础性条件。在迈向共同富裕的征程中，健康也应当成为评价的重要标准。要把健康融入经济发展政策中，推动健康产业快速发展，以满足人民群众不断提升的对高质量健康服务的需求；要把健康融入社会发展政策中，以医疗保障体系、健康服务体系和药品流通体系的联动改革为基点，以提高群众健康服务可及性、降低医疗费用个人负担为抓手，以防止脆弱群体因疾病医疗费用导致的灾难性支出而陷入困难境地为底线，确保国民健康水平不断提高并使之成为社会发展进步的重要标志；要将健康融入生态环境政策中，良好的生态环境建设必然有利于国民健康水平的提升，要致力于建设有利于国民健康的自然生态环境，实现人与自然的和谐发展；

---

① 习近平.构建起强大的公共卫生体系 为维护人民健康提供有力保障[J].求是，2020(18)：4-11.

要将健康融入乡村发展和乡村振兴战略中,改善农村地区的医疗卫生条件和医疗服务水平,减轻农村居民的疾病医疗费用负担,为乡村振兴和农民高质量生活提供有力支撑;等等。

第二,建立健全全生命周期的健康服务。健康伴随着人的整个生命周期,因此要不断健全基于全生命周期的健康服务体系,让所有国民在整个生命周期的任何阶段遇到的健康问题都能够得到有效解决。要实现孕产期健康服务的普及化和均等化,要破除孕产期服务的户籍限制和婚姻关系限制,确保孕产妇在常住地可以享受相关服务;要不断丰富学龄前儿童的健康服务内容,以奠定良好身体健康基础、养成良好健康生活习惯为主要内容,尤其是要在农村地区推广儿童健康状况监测和营养支持计划;要完善职业健康和职业安全政策体系,提高各种新业态劳动者的职业健康水平,将职场心理健康作为重要的内容予以高度关注;要将老年人健康服务作为工作重点,按照医养结合、康养融合的工作要求,以老年人健康评估的客观结果和尊重老年人主观意愿为前提,为老年人量身打造个性化的健康服务方案。与此同时,健康服务的内容也亟待不断充实,要兼顾生理健康和精神健康,兼顾疾病治疗和疾病预防,兼顾公共卫生和个性化服务,兼顾急性疾病的短期治疗和慢性病、老年病的长期服务等。

第三,实现从疾病治疗到以预防为主的重心转换。医疗健康服务的根本目的是通过健康环境的塑造与个人健康习惯的养成，提高健康生命的长度，实现少生病、不生病。按照上述要求，就需要在确保疾病治疗服务质量的同时，将健康服务的关口前移，从而逐步实现从疾病治疗向以预防为主的重心转换。随着社会经济的发展与自然环境的变化，我国的疾病谱正发生着重大的变化，除了恶性肿瘤等严重疾病之外，慢性病、精神类疾病等的发病率也显著提高[1]，这与个人生活方式不健康以及早期介入不足都有密切的关系。研究表明，我国超过50%的慢性病可以通过改变生活方式、控制行为风险进行预防[2]。因此，要实现健康中国的目标，就迫切需要实现从以疾病治疗为主向以预防为主的重心转换，要推广健康的生活理念和生活方式，优化饮食结构、加强体育锻炼，不断强化国民身体素质；要探索医疗保险和公共卫生对预防性支出（例如体检、筛查等）的费用分担机制；要开展一些重大疾病的早期筛查工作，做到早发现、早干预、早治疗；要切实发挥家庭医生的作用，不能只签约不服务，要根据家庭健康档案和每年家庭成员的体检状况，为服务对象提供有针对性的健康提示和指导；要鼓励健康保险公司开发具有全生命周期健康服务的保险产品，并将有关的预防性费用纳入报销范围。

第四，实现从硬件设施建设到医疗健康服务质量提升的

---

[1] 申曙光，马颖颖. 新时代健康中国战略论纲[J]. 改革，2018（4）：17-28.
[2] 王泽议. 远离误区守住自身健康的"第一责任"[N]. 中国医药报，2018-06-22（4）.

重点转变。正如上文有关公共服务均等化分析框架所提及的，医疗健康服务的均等化要以硬件设施建设为前提，以高质量的健康服务为根本举措。近些年来，我国欠发达地区医疗服务设施的建设迈上新台阶，但高质量医疗健康服务的供给仍然严重不足。虽然国家一直强调要做强基层，但由于医疗服务的特殊性以及居民可支付能力的增强，群众仍然倾向于到大医院问诊，而对基层医疗服务的信任度不高，由此导致医疗服务供求的结构性错位，双向转诊机制也未能实际发挥作用。实现基层医疗服务质量提升的关键在于提高基层医疗卫生技术人员的专业水平，要通过人员的统一调配、完善医护人员薪酬体系、加强在职人员的专业培训以及强化全科医生培养等手段，不断增加高质量医疗服务的有效供给。

第五，深化以健康中国为目标的三医联动改革。三医联动是健康中国建设的基本原则，也是难点所在。医疗卫生体制、医疗保障体制和药品流通体制之间存在复杂的相互制约关系，从而需要按照协同治理、整体推进的原则不断深化改革。党的十八大以来，三医联动改革在药品集中招标采购、医保付费方式改革以及药品零差价等方面取得了显著的成就，但在引导医疗卫生资源合理分布与群众就医行为，平衡药品价格与支持医药产业创新发展，重大公共卫生应急管理体制建设和费用分担机制等方面仍有较大的深化改革空间，部分地区、部分群体"看病贵、看病难"的问题尚未得到根本性解决，人民群众对医疗卫生服务的满意度还有待进一步提高。有鉴于此，要在深化三医各自领域关键问题改革的基础上，出台更有针对性的顶层设计方案，真正实现三医联动改革的整体效能，不断提高健康医疗服务的均等化水平。

二、推进基本医疗健康服务均等化的具体建议

第一，要提高医疗卫生服务人员的管理统筹层次，实现优质服务资源的统筹配置。优质医疗健康服务资源供给的稀缺性和需求的均等化是一组基本矛盾，要按照供给侧结构性改革的思路，以医疗联合体、医疗共同体建设为载体，以提高医疗卫生服务人员的管理层次和区域内的统筹配置为基本手段，逐步实现优质服务资源的均等化配置。具体而言，就是要在纵向的医疗共同体建设中，将高水平医疗服务人员的统筹配置作为核心内容，以巡诊、短期坐诊、集中会诊等方式，实现自上而下的优质资源流动，以进修学习、短期培训等方式，实现自下而上的基层服务人员素质提升。总之，就是要在提高统筹管理层次的基础上，通过人员的双向流动实现优质资源的合理配置和基层医疗服务人员水平的快速提升，从而为医疗健康服务的均等化提供最为有力的人力资源支撑。

第二，要充分利用现代科学技术手段，扩大优质医疗服

务资源的辐射范围。移动医疗、智慧医疗和远程医疗等新医疗技术手段的广泛应用，可以在很大程度上缓解医疗卫生服务资源分布不均衡的状况，扩大优质医疗服务资源的辐射范围，尤其是在基层医疗服务硬件设施建设能够提供有力支撑的基础上，可以实现数字化、网络化的"双向转诊"，为基层尤其是偏远地区的居民提供高质量的医疗健康服务。除此之外，医疗大数据技术的广泛应用和健康档案的数字化升级，为基层医疗健康服务实现从疾病治疗向以预防为主的重心转换提供了有力的技术支撑。这种转换不仅有利于群众健康水平的提升，而且有利于重建居民对基层医疗卫生服务机构的信任。有鉴于此，应当在强化基层医疗健康档案建设的基础上，支持和引导有关医疗科技企业开发基于海量健康数据的疾病预测和健康提示应用工具，为基层医疗服务机构提供有力的技术支撑。

第三，要优化医学专业培养体系，加快培养一批高素质的全科医生。在整合型的医疗服务体系构建中，分级诊疗是整合和优化资源配置的治本之策，是未来健康领域供给侧改革的重心[1]，而分级诊疗的关键就是基层医疗卫生机构的全科医生。在理想的双向转诊制度下，基层医疗机构的全科医生作为国民健康的"守门人"，扮演着两个角色：其一是作为首

---

[1] 申曙光，曾望峰.健康中国建设的理念、框架与路径[J].中山大学学报（社会科学版），2020，60（1）：168-178.

诊者，在准确判断病情的情况下，做好分流工作，为可以准确判断病情的病人直接提供治疗服务，将无法准确判断病情的病人向上转移到高一级的医疗机构；其二是作为服务提供者，对上一级医疗机构做出病情判断并转回基层医疗机构的患者，按照诊疗方案提供诊疗服务。然而，我国现有的医学专业培养体系主要采用专科医生的培养模式，专业划分过于细致，在全科医生的培养方面存在严重不足，从而导致全科医生供给严重短缺。因此，需要通过专业引导、薪酬设计等多种措施，加快培养一批专业素质高并能扎根基层的全科医生，为高效运转的整合型医疗服务体系提供有力的人力支持。

第四，尽快建成城乡统一的基本医疗保险制度，并控制个人自付比例。医疗保险制度是三医联动改革的"轴承"，它既可以利用经济杠杆引导医疗卫生行为，也可以通过集中招标采购合理控制药品价格。2018年国家医疗保障局成立以来，我国的医疗保障制度改革取得了显著成就，为控制国民疾病医疗费用、引导医疗卫生资源合理分布发挥了积极的作用。但目前我国大部分地区的基本医疗保险制度仍然是城乡分立，职工基本医疗保险和城乡居民基本医疗保险制度尚未完全统一，基金亦无法互助共济，从而与医疗保险风险分散的原则不相吻合。伴随着近年来职工基本医疗保险个人账户改革的深化，目前两项制度合并已经有了较为扎实的基础，部分地区的实践也取得了较好的效果。因此建议尽快建立市域范围内统一的基本医疗保险制度，使得城乡居民在遭遇同样疾病风险时，个人的自付比例保持一致并控制在一定范围之内，避免城乡居民因为重大疾病产生灾难性支出。

第五，确保集中招标采购药品在基层的可及性。药品集中招标采购是我国医药卫生体制改革的重大举措，它充分发挥了我国药品市场规模大的特点，通过集中谈判的方式，切实降低了群众的药品费用负担。但笔者在实际调研中发现，部分价格低廉、效果良好的集中招标采购药品在基层医疗卫生机构中却成了"躺在电脑"里的药品，即药品目录里有此药，但由于药品厂商没有配送等原因导致基层无药可用，药品可及性大大下降。有鉴于此，应当将药品可及性作为集中招标谈判和确定药品目录过程中的重要因素，对于谈判成功但药企配送不及时的药品，可以采取从目录中移出的惩罚性措施，代之以其他可及性强的药品，以确保基层群众有药可用。

第六，强化公共卫生应急管理体系建设，培养国民良好卫生健康习惯。新冠疫情给我国的公共卫生应急管理体制带来了重大的挑战和借以完善的机遇，初步形成了党中央统一决策、部门之间分工协调、社会力量有效参与的机制，提升了我国应对重大公共卫生事件的能力。从长期来看，公共卫生应急管理还需要从提高国民健康卫生素养、优化自然卫生环境等方面持续发力，既要明确个人是自身健康的第一责任人，也要培养国民良好的公共卫生习惯。具体而言，可以通过爱国卫生运动、环境污染治理、职业病防治、全民健身行动、食品药品安全防控等措施持续提升国民健康水平。要创新健康教育活动，普及健康科学知识，推进重大传染病防治和应急教育常态化。利用人民群众喜闻乐见的新媒体形式，提高公众的健康意识与能力，促进良好生活习惯的养成[①]。

第七，关注特殊疾病群体的医疗健康服务。要关注老年病、慢性病患者的健康服务，根据医养结合的原则，为老年慢性病患者提供基于社区的整合型服务方案；要关注精神类疾病患者的健康服务，逐步实现从机构集中看护向社区融入式照料的转变，通过提高服药依从性等方式，为他们回归社会创造条件；要关注艾滋病、肺结核等传染性或易造成社会歧视的疾病的患者的健康服务，将其纳入基本公共服务的范畴，在提供健康医疗服务的同时，动员社会力量有效参与，尽量减少社会排斥现象的发生；要关注罕见病等少数群体的利益，探索在基本医疗保险的基础上，利用社会慈善等资源创新罕见病药品开发与费用负担的有效机制。

---

① 张星，翟绍果. 我国公共卫生治理的发展变迁、现实约束与优化路径 [J]. 宁夏社会科学，2021（1）：146-153.

第四节　基本托育服务均等化[①]

2022年，中国首次出现了人口负增长，生育率的持续下降成为公共政策领域关注的焦点议题。从全球范围的实践和经验来看，构建家庭生育支持政策，逐步实现托育服务的社会化和均等化，将有利于减轻家庭的养育负担，从而为生育率恢复到更替水平提供有力支撑。

一、构建家庭生育支持体系的基本原则

家庭支持政策的目标是多样的，生育行为是家庭决策的重要内容之一，聚焦到对家庭生育决策的支持，需要遵循多主体参与、全流程服务，关注家庭中的重要关系，综合使用多种政策工具以及把决策权交还给家庭等基本原则，形成完整的生育政策支持体系。

[①] 本部分的主要内容以《中国的家庭结构变迁与家庭生育支持政策研究》为题发表在《中共中央党校（国家行政学院）学报》2021年第5期上。

第一，家庭生育支持体系需要多主体参与和全流程服务。虽然生育行为是家庭内部的决策结果，但所有生育行为构成的总体则决定了人口规模这一对国家经济社会长远发展起重要作用的变量。因此，生育行为既是家庭行为，也具有社会经济效应；其不仅会产生直接的包括出生率变化在内的社会效应，还会通过影响劳动力供给、用工成本等间接影响国家的就业格局与经济发展方式。相应地，从形式上看，家庭生育支持政策是社会领域的政策，但其实质是一项综合的经济社会政策，从而需要包括政府、专业机构（如生殖辅助研究机构与医疗机构）、雇主、家庭成员等多个主体的参与并明确各自的责任。

生育行为是一个由多个环节构成的完整流程，至少包括备孕期、怀孕期、生育期、产后恢复期以及学前抚育期等，家庭在每一个阶段所需要的支持内容及其重点是有差异的。例如，在备孕期需要有关孕期知识的普及教育，有些群体还需要生育辅助技术支持等；在怀孕期需要母婴保健和定期的筛查、检查服务；在生育期需要生活照料服务与费用分担机制；在学前抚育期需要托幼服务；等等。在人口政策调整的背景下，多孩家庭还可能遭遇不同时期的重叠，从而需要不同类型的支持政策。

第二，家庭生育支持体系需要处理好家庭中的重要关系。家庭生育支持政策的对象自然是家庭，家庭是由个人共同构成的，并且在家庭内部形成了复杂的关系。中国家庭结构的变化可以从一定程度上反映家庭关系的变化。家庭生育支持政策要特别处理好家庭内部的两组关系：其一，是夫妻关系。夫妻双方是儿童的第一责任人，虽然在西方保守主义类型的国家和东方文化国家，母亲往往承担着更多的责任，但亦有研究发现，支持女性更好地参与劳动力市场，反而有利于其独立人格和经济地位的形成，并为其建立家庭并生育下一代奠定基础，从而导致了所谓双薪型家庭政策的兴起。有鉴于此，为了实现性别平等和共同参与，部分国家在设计家庭政策时，倾向于鼓励父母双方同时参与，例如育儿假期中的一部分必须由父母双方共休。其二，是跨代关系。家庭对中国人的意义不仅在于夫妻之间，更在于亲子之间及代与代之间。统计数据显示，三代家庭是我国维系得最稳定的家庭类型，其占比在1982—2010年间一直保持在16.4%～16.7%。在青年夫妇工作与生活压力增大的情况下，无论是农村地区被迫的，还是城市地区主动的，隔代照料现象都较为普遍。目前的隔代照料是基于亲缘关系的家庭行为，但是否要对这种家庭劳动给予社会化的认可，甚至进行现金给付，都值得探讨[1]。总之，家庭生育支持政策要以家庭为整体，以家庭中的组成人员为对象，在尊重家庭成员自主选择权的基础上，支

---

[1] 部分国家的长期护理保险可以给付给照顾家中失能老人的家庭成员，这就是对家庭劳动的一种社会化认可。

持家庭更好地实现合理分工、性别平等与家庭工作平衡。

第三，家庭生育支持体系需要多种政策工具及其组合。与传统的社会保障给付形式不同，家庭生育支持政策体系除了传统的现金给付（生育津贴、儿童津贴等）和服务给付（公共托育服务、母婴保健服务等）之外，还包括时间给付（即产假、育儿假等）。不同的政策工具是可以相互组合、相互补充的。例如，在父母双方休育儿假的同时，为了维持其收入水平，也需要进行生育津贴或者生育保险的现金给付；再如，时间给付的本质仍然是服务递送，即该时间并非通常的休假，而是有明确用途的；此外，部分以购买托育服务为目标的现金给付与直接的服务给付之间存在一定的替代关系；等等。尽管家庭生育支持的可选政策工具较多，但关于欧洲各国生育率变化与家庭政策的关系的研究发现，政策有效性在不同的国家有较大的差异。总体而言，家庭政策并未能挽救已陷入低生育率陷阱的国家，而政策只有达到一定的强度才能对生育产生激励效应；就具体的政策工具而言，具有"去家庭化"性质的托幼服务对生育决策存在显著的正向影响，而具有"家庭化"性质的现金补贴并未产生预期的作用。由此可见，生育行为的影响因素是极其复杂的，对生育支持政策的效果要有理性的预期。

第四，家庭生育支持政策需要提供多种备选方案，从而把决策权交给家庭。不同家庭的偏好结构、内部分工以及发展目标都是不尽相同的，当具有公共性的社会政策介入家庭这个私人领域时，特别需要注意摆正主体和客体的位置，将家庭支持政策视为家庭决策的外生变量，将决策权交给家庭。按照这个逻辑，与其他社会政策强调基于社会公平的统一性不同，家庭生育支持政策需要兼顾统一性和灵活性，并提供多种备选方案供家庭进行自主选择。例如，对于育儿假期，既可以有一部分要求夫妻双方同时休，也可以设置一段时间由夫妻双方根据家庭内部的分工自行决定由谁来休。再如，对于同样指向降低抚育成本的公共育儿服务和家庭内部非正式育儿服务的社会化认可，可以由家庭根据自身情况进行自主选择。

最后需要强调的是，在生育全周期的支持体系中，不同阶段发挥关键作用的主体和关键支持政策是有差异的。在生育决策阶段，需要全社会营造积极健康的新生育理念，卫生健康部门则要更好地瞄准重点人群[1]，宣传各项生育支持政策，免除人们的后顾之忧；在孕期阶段，医疗卫生机构要真正按照属地化的要求，提供高质量的母婴检查和筛查服务，男性

---

[1] 日本近些年来总和生育率出现小幅回升的原因，即进入生育期末端的女性，在生育支持政策的引导下，再生了一个孩子。国际经验也表明，生育支持政策对已经生育一个孩子的家庭的效应会更加显著，即：不愿意生孩子的家庭，无论何种政策都无法改变其决策；但对于已经生育了一个孩子的家庭而言，在生育支持政策影响下，可能会再生第二个或者第三个孩子。因此，生育支持政策的宣传重点应当是已经有生育行为并仍有生育意愿的家庭。

也应当更加充分地参与到孕期的家庭生活中，为女性提供心理慰藉和精神支持；在抚育阶段，要在大力发展公共婴幼儿服务的基础上，由用人单位、社会互助机制（如生育保险）以及专业机构等共同为家庭成员（包括隔代照料者和孩子父母）提供更加全面的技术、时间和物质支持。

二、构建家庭生育支持政策、实现托育服务均等化的具体建议

第一，尽快建立普惠型儿童津贴制度。儿童津贴是各国社会福利体系的重要组成部分，体现了儿童优先的基本原则。目前，我国已经建立了针对残疾儿童、孤儿和事实无人抚养儿童的适度普惠型儿童福利制度，但覆盖面还比较窄，福利的给付形式还比较单一。有鉴于此，建议尽快建立针对 0～6 岁儿童的普惠型儿童津贴制度，降低家庭育儿成本，标准可参考当地最低生活保障标准[①]，待遇均等化给付，资金则主要由地方财政承担。

---

① 根据 2014 年中国家庭发展追踪调查数据，农村地区 6 岁前儿童平均年支出为 7 944 元，城市地区为 15 522 元；2019 年农村地区和城市地区低保线分别为 5 335.6 元和 7 488 元。如按低保线确定儿童津贴的标准，则儿童津贴占儿童平均年支出的比重在城乡地区分别为 48.2% 和 67.2%。考虑到年份差异带来的儿童支出的增加，儿童津贴占儿童必要支出的比重可以控制在 40% 以内。

第二，对生育行为采取各种形式的间接补贴。除了生育津贴、儿童津贴等对生育行为和儿童抚养的直接补贴之外，还可以综合考虑税收、社会保险等方面的间接补贴政策。例如，目前个人所得税的税前抵扣包括未成年子女的受教育费用、老年人的赡养费用等，可增加对生育、抚育费用的税前抵扣。再如，部分国家对生育多子女的家庭减免缴纳养老保险费（其背后的逻辑是生育行为为降低全社会的养老负担做出了贡献），或对女性提供社会保险缴费补贴等。这些间接补贴可以进一步降低育儿成本，提高生育意愿。

第三，适度扩大护理保险的支付范围，将1岁以内婴儿的中短期照料服务纳入其中。目前，我国部分地区正在试点长期护理保险制度，该制度的本质是通过社会化的筹资来覆盖人们失能后的照料成本。但目前各地长期护理保险主要是针对失能老人，其支付范围并不包括家庭雇用月嫂照料1岁以内儿童的费用。儿童1岁前照料费用负担较重，如果家庭成员全职在家承担照料儿童的责任，则又无法实现家庭工作平衡。有鉴于此，建议在部分有条件的地区，尝试将护理保险的支付范围扩大到1岁以内儿童的照料费用，当然，享受待遇的条件是其家庭成员已参保长期护理保险。与此同时，要严格控制给付的水平和对象，如将给付水平限制在社会平均工资的30%以内，或将给付对象限制为二孩和三孩，以确保财务可持续。

第四，逐步实现家庭内部儿童照料服务的社会化认可。隔代照料是中国特色家庭保障的重要表现形式，而隔代照料对幼儿成长和老年人健康的影响是复杂的。家庭劳动的产出是具有社会经济效应的，因此有必要逐步对包括育儿在内的家庭劳动进行社会化认可。例如，在条件允许的情况下，可以将护理保险的支付范围和对象扩大到家庭内部的儿童照料，即由家庭成员而非专业育婴师照料1岁以内儿童时，也可以用护理保险予以支付费用。

第五，尽快建立育儿假制度。目前，不少发达国家都建立了育儿假制度，从而使得父母双方在孩子出生后的一段时间内可以全身心地照顾幼儿，并不用担心因此失去工作。这项制度体现了生育政策的全社会参与性，因为雇主往往也需要为此付出一定的成本。育儿假的核心政策要素包括三个方面：其一，假期的时间。各国育儿假长短不同，少则几个月，多则一年多。其二，假期的享受者。为了鼓励父母双方参与育儿过程，部分国家的育儿假有结构性的安排，即部分时间要求父母同时休，部分时间可以由夫妻双方自行选择决定。其三，假期的收入补偿。育儿假期间的收入补偿往往由用人单位和社会保险基金（主要是生育保险基金）共同分担。

第六，大力发展3岁之前的托育服务，在有条件的地方可以将其逐步纳入基本公共服务范畴。目前，3岁之前的托育服务是年轻父母最为担心和顾虑的,从而成为影响生育率提高的重要因素。国内大部分地区3岁之前的托育服务都由私营机构提供,进入门槛和服务质量有待规范和提高。有鉴于此,建议国家大力发展3岁之前的公共托育服务,既可以由公共部门直接提供,也可以购买当前私立机构的服务,还应当充分调动社会力量参与。可参照日本等国家的经验,家庭根据就近原则选择托育机构,费用由家庭和当地财政分担;在有条件的地区,则可以将其逐步纳入公共服务范畴,完全由当地财政承担。

第七,更好地贯彻落实教育部门有关延长小学课后服务时间、丰富小学课后服务内容的相关政策举措。在小学阶段,过早的放学时间成为年轻父母难以兼顾工作与家庭的重要致因。2017年2月,教育部印发《关于做好中小学生课后服务工作的指导意见》,引导和鼓励小学延长课后服务时间、丰富课后服务内容,以自愿为原则,在课堂教学结束后,由本校老师主导免费提供,或者安排集中完成课后作业,或者开设各领域的兴趣班,确保学生在校时间不少于八小时,大大减轻了父母课后照顾的负担。

第八,鼓励用人单位采取更加灵活的考勤与绩效考核政策,引导有条件的用人单位直接提供儿童照料服务,支持青年人实现家庭工作平衡。虽然用人单位本身并非生育政策的主体或直接受益者,但从长期和宏观来看,生育率的适度提高亦有利于宏观经济的发展，从而需要全社会共同参与，用人单位也不例外。一方面，用人单位可以延续实施疫情背景下的有关自由工作时间、居家办公等制度和以工作产出为主的绩效考评机制；另一方面，可以鼓励有条件的企事业单位自主开办托幼机构，从为本单位职工服务逐步拓展为面向社会公众，并使之成为用人单位吸引和留住高素质人才的重要举措。

| 第六章 |

高质量社会保障与共同富裕

第一节　社会保障促进共同富裕的机制[①]

一、社会保障与缩小收入分配差距

我国的收入分配差距是多重因素造成的,其中既有资源禀赋差异,也有市场化不足,还有再分配力度不够。在扎实推进共同富裕的进程中,需要在提高国民总体收入水平的条件下,逐步缩小劳动者的收入分配差距。这一方面需要提高人力资本投资和劳动生产率,进而提高劳动报酬在整个收入分配中的比重,建立更加公平统一的劳动力市场,以实现劳

---

① 本节部分内容曾先后发表于笔者在《中国社会保障》2021 年第 12 期,2022 年第 1 期、第 4 期和第 6 期的专栏文章中。

动力资源的自由流动和最优配置；另一方面也需要完善社会保障制度，加大再分配的力度。目前，我国总体收入分配差距较大的表现是复杂多样的，主要存在于城乡之间、区域之间、劳资之间和性别之间等方面，而社会保障制度对上述不同维度的收入分配差距均具有一定的调节作用。

其一，城乡收入分配差距方面。进入21世纪以来，我国的社会保障体系覆盖面逐步从城市向农村地区扩展，新型农村合作医疗制度、农村居民最低生活保障制度、新型农村社会养老保险制度先后建立，农村居民社会保障制度从无到有，社会保障水平逐渐提高。与此同时，在城镇化过程中逐渐融入城市的农民工、被征地农民等群体也被相应的保障制度所覆盖。城乡居民初步实现了社会保障权利的均等化。但是，当前城乡居民之间各项社会保障待遇的差距仍然客观存在，甚至有观点认为，城乡之间社会保障待遇差距的拉大扩大了收入差距。有鉴于此，不宜简单将城乡居民社会保障待遇的绝对和平均水平进行对比，而要综合考虑其缴费水平、购买力以及内部报酬率等多维指标。当然，总体上应当加快提高农村居民的社会保障水平，实现城乡居民的共同富裕。

其二，区域收入分配差距方面。我国各区域的资源禀赋存在差异，国家在不同时期的经济发展战略也有所不同，导致区域之间的收入分配差距较为明显。有鉴于此，不断提高社会保障制度，尤其是社会保险制度的统筹层次，有利于缩小不同区域劳动者之间的收入分配差距。以养老保险制度为例，随着职工基本养老保险制度统筹层次的不断提高，以省（区、市）社会平均工资作为养老金计发的基数，必然有利于缩小省（区、市）内不同地市之间的养老金水平差异。除此之外，中央财政转移支付规模的不断扩大、医疗保障待遇清单的制定等也对缩小区域之间社会保障水平差距发挥了积极的作用。

其三，劳资收入分配差距方面。在初次收入分配格局中，劳动和资本是最重要的生产要素，而劳动者收入占比过低长期以来是我国初次收入分配格局的重大缺陷，而社会保险制度通过劳资双方共同缴费、劳动者群体单方受益的筹资机制，对初次收入分配格局进行调整。需要强调的是，作为收入再分配的重要手段，社会保险在劳资之间的筹资责任分配又与初次分配结构密切相关。在初次收入分配格局较为公平的国家，社会保险筹资中可以由劳资均担缴费责任，而考虑到我国初次收入分配格局失衡，资方占据较高的超额利润，也就不难理解其在社会保险筹资中需要承担更多责任的现状了。

其四，性别收入分配差距方面。近年来，伴随着人口政策的调整，有关工作与家庭平衡的问题逐渐被提上议事日程，其中，处理好性别公平问题尤为关键。针对该问题，一方面，要防止劳动力市场的性别歧视，不断提高女性劳动者的素质；另一方面，基于家庭工作平衡的视角，要更加尊重从事家庭劳动的女性，既要对家庭劳动进行社会化认可，又要将育儿责任从女性个体扩展到家庭整体，在生育保险、产假与陪产假、育儿假等社会保障制度中引入家庭和性别的视角，消除性别之间不公平的收入分配差距。

二、社会保障与地区间共同富裕

地区之间发展差距的缩小是共同富裕的题中应有之义。中央选择浙江作为共同富裕的先行示范区，其中重要的原因就是在经济较发达的省份中，浙江省内不同区域之间的发展差距相对较小。由此可见，实现地区之间的共同富裕，对幅员辽阔、区域间经济发展差异较大的中国而言，具有格外重要的意义。

广义的社会保障制度在调节区域之间收入分配差距、缩小区域之间发展差距方面主要有四种作用机制。第一种机制是既通过区域之间基本公共服务的均等化直接缩小区域之间的公共服务水平差距，又通过具有投资性的公共服务建设（例如基础教育、基本公共卫生等）提升欠发达地区的全要素生产率，从而缩小区域之间的发展差距。这一点在本书第五章做了专门阐述。

第二种机制是社会保险中的统筹层次机制。各项社会保险制度都遵从互助共济的基本原则，其中就包括区域之间的互助共济，并具体地体现为各项社会保险制度的统筹层次。统筹层次在全国，则风险在全国范围内分散；统筹层次在省（区、市），则风险在全省（区、市）范围内分散。《社会保险法》对各项社会保险制度的统筹层次做出了明确的规定，养老保险因为涉及人的一生，且占劳动力成本比例最高，因此被确定为全国统筹；其他社会保险制度则被确定为省级统筹。以推进养老保险全国统筹为例，在经历了省级统筹和中央调剂金制度之后，基本养老保险全国统筹方案从2022年1月1日起正式实施。根据该方案，全国范围内各省份的基金总缺口将在所有当期结余省份中进行分担，从而对地区性的基金支出缺口进行了制度上的回应，在一定程度上实现了风险在全国范围内的分担。与此同时，统筹层次的提高，意味着用较高层级行政区域的社会平均工资替代较低层级行政区域的社会平均工资作为养老金计发基数，也有利于缩小不同区域退休职工的养老金待遇差距。当然，在提高统筹层次的过程中，还要正视中国区域间经济发展极不平衡的客观现状，尚不宜用全国社会平均工资替代省级社会平均工资作为计发基数，从而在均等化与差异性之间找到平衡。

第三种机制是财政的转移支付机制。伴随着社会保障覆盖面的不断扩大、资金支出规模的不断扩大，以及公共财政的转型，财政性社会保障支出已经成为财政支出中的重要项目，而财政转移支付则成为部分欠发达地区社会保障资金的主要来源。统计数据显示，在21世纪初，社会救助、养老保险等主要社会保障项目的财政支出资金中，中央财政转移支付占较高比例。近些年，伴随着地方经济发展水平的提高和可支配财力的增强，各项社会保障支出的央地责任分配机制正在逐步形成。在共同富裕的背景下，中央财政要实施"精准转移"，并对转移支付资金进行绩效评估，在输血的同时，提高当地的自我造血能力。

第四种机制是对口援建机制。如果说财政转移支付是中央对欠发达地区的支持，那么对口援建就是通过调动发达地区政府或特定相关主体的积极性一对一或多对一地帮助欠发达地区，从而缩小区域发展差距并最终实现共同富裕的极具中国特色的机制。对口援建机制在灾害救助、扶贫攻坚等事业中发挥了重要作用，也必将在乡村振兴、慈善事业与第三次分配中发挥积极作用。

当然，不同地区共同富裕绝不意味着统一各项社会保障待遇的绝对标准，而应当做具体的分析。例如，基本养老金水平应当保持替代率和购买力在区域之间相对均衡，医疗保障要努力实现个人自付部分占当地居民人均支出的比例相对一致，低保和各项福利津贴要努力实现其标准占当地社会平均工资或人均可支配收入的比例相对一致，而最终地区之间福利水平的相对均等化仍然需要通过缩小区域之间的经济发展差距来实现。

三、社会保障与乡村振兴

鉴于城乡二元体制和工农产品剪刀差等因素长期存在,并且工业化和城镇化进程中农村总体生产率相对较低,城乡居民收入差距扩大成为我国总体收入差距扩大的主要原因之一。不仅如此,有不少研究还认为,虽然进入21世纪之后,我国的社会保障制度覆盖面从城镇扩大到了农村,但是农村居民的总体社会保障水平仍然远远低于城镇,二者之间的差距甚至有逐步扩大的趋势,从而产生了逆向收入再分配的不良效果。在实现共同富裕的过程中,不能遗忘农村,不能遗忘农民,要通过乡村振兴,不断缩小城乡差距,实现城乡居民共同富裕。

缩小城乡社会保障待遇差距的前提是对其进行客观评估。正如上文提及的,大量文献认为城乡居民之间的社会保障待遇差距较大,这当然是不争的事实。但是,问题的另一面在于,以社会保险为核心的社会保障体系是与工业化生产方式相匹配的,因此我国是在全世界农业人口最多的国家建设与工业化生产方式相匹配的社会保障体系,从而不能简单对比城乡居民各项社会保障待遇的绝对水平。较为理性的衡量方式包括:在考虑缴费水平的前提下,比较城乡制度之间的内在报酬率差别;在考虑消费模式差别的前提下,比较城乡社会保障待遇的购买力水平;在考虑收入水平的前提下,比较城乡社会保障待遇的替代率水平；等等。根据笔者的研究，虽然上述相对指标城乡之间仍然存在差距，但这一差距要远远小于绝对水平的差距。

然而，要实现乡村振兴和城乡共同富裕，仅仅缩小城乡居民的社会保障待遇差距是不够的。扶贫攻坚切实改善了农村地区的硬件设施和农村居民的生活条件，而乡村振兴就是要吸引人才，尤其是高素质人才回流到农村地区生产和生活。人才的流动，产业是吸引力，福利则是必要条件。如果没有便利的生活条件，包括医疗服务，以及以托育、教育和养老服务为核心的家庭支持服务，那么人们是不会选择长期在农村地区工作生活的。因此，乡村振兴不仅需要产业和人才，而且需要包括社会保障在内的各项公共服务。

进一步地，我们可以想象一下乡村振兴后的样子：或者是青山绿水的休闲度假胜地，或者是高度机械化的生产农场，生活在这片土地上的农民还是那面朝黄土背朝天、传统从事第一产业的农民吗？恐怕也早已不是了。在中国，农民这个身份既有户籍和居住地的含义，也有从事的行业（产业）的含义。在中国快速的城镇化过程中，既存在以农民工进城为主要形态的"输入型"城镇化，也存在以征用农村土地为主要方式的"扩张型"城镇化；既出现过"离土又离乡"（进入城镇地区从事非农产业），也出现过"离土不离乡"（在农村集体企业从事非农产业），甚至还出现过"离乡不离土"（在农业生产集中区从事季节性帮工）等多种情形。

在城乡融合发展、迈向共同富裕的过程中，在农村的居住者未必从事农业生产，即使从事农业生产，也应该是"农业产业化"时代的受雇劳动者，而非联产承包责任制下的独立农户；在城镇的劳动者，也许仍然是农村户籍，但早已不是靠天吃饭的传统农民，而是领取工资甚至年薪的产业工人。简而言之，在乡村振兴的背景下，从事小农生产的人数将大幅下降，取而代之的是不断扩大的受雇劳动者或集体劳动者。相应地，我国的社会保险制度体系也会随之发生变化，以面向非受雇劳动者为主的城乡居民社会保险制度将会随之逐步萎缩，而越来越多的劳动者将根据其就业身份参保职工基本社会保险，从而形成以职工基本社会保险为主体的制度体系。

四、不同社会保障项目再分配效应的不同机制

不同社会保障项目的收入再分配对象和效应有所不同。在社会救助制度中，资金来源于一般性税收，而受益对象是低收入群体，因此可以调节富裕群体与贫困群体的收入，从而具有明显的收入再分配效应。

在社会保险制度中，收入分配格局的调整对象较为复杂：其一，从缴费结构看，劳资双方分担缴费责任，而最终

的基金都将用于遭遇了风险的劳动者，因此是对劳资双方收入的再分配；其二，从待遇计发办法看，以养老保险制度为例，由于考虑了社会平均工资的因素，因此不同收入参保者养老金的差距会小于工资收入的差距，从而在不同收入群体之间具有再分配效应；其三，从待遇给付对象看，部分社会保险项目只给付给发生了风险的劳动者（如医疗、工伤、生育等），因此在未发生风险的参保人与发生了风险的参保人之间亦存在再分配效应，可以帮助遭遇风险者得到来自全体参保人的支持。

社会福利制度的再分配对象和效应也具有多重性：针对老年人、儿童、女性等特殊群体的社会福利津贴是群体之间的收入再分配；以公共服务均等化为目标的社会服务则兼具群体之间和地区之间的再分配效应；等等。综上可见，社会保障制度具有多重维度的收入再分配效应，社会保障制度越完善，社会保障财政投入的结构越合理，收入再分配的效果就越显著，就能越接近共同富裕的目标。

根据党中央的统一部署，到 2035 年全体人民共同富裕要取得更为明显的实质性进展。按照此目标和时间节点，下面对主要的社会保障项目（养老保险、医疗保障、社会救助和社会福利）在 2035 年前的总体发展目标和关键改革措施进行具体分析。

第二节 面向共同富裕的养老保险制度改革

一、总体目标

到 2035 年时,要在现有基本养老保险制度体系的基础上,真正形成以职工基本养老保险制度为核心,由公职人员养老金制度、城乡居民养老金制度和老年津贴制度共同构成的统一、完善的基本养老保险制度体系,补充层次养老保险得到充分发展,多层次养老保险制度体系结构完整、责任清晰,中国特色的多层次养老保险制度体系全面建成、健康运行,养老保险治理体系和治理能力基本实现现代化,所有老年人都能够比较公平地享有可以维持体面老年生活的养老金待遇。

二、关键改革措施

第一,提高参保质量。(1)优化参保结构。数据显示,大量从事非农产业的劳动者（包括灵活就业、平台就业、个体工商户等）并未参加职工养老保险，而是参加了居民养老保险或处于未参保的状态。有鉴于此，要在推动实现公共养老金制度体系全覆盖的同时，提高参保质量，尤其是要摆脱户籍和用工形式的制约，除以自给自足的方式从事农业生产的传统农民之外，其他劳动者均应参加职工基本养老保险，使之与城镇化率相匹配，真正成为公共养老金制度体系中的核心制度。（2）做实缴费基数。数据显示，2020年职工基本养老保险制度人均实际月缴费工资占上年全口径社会平均工资的比例为76.7%，农村居民平均缴费水平占农村居民人均可支配收入的比例仅为3.2%。有鉴于此，一方面，要在明确职工基本养老保险缴费基数核算办法、适当降低费率的基础上，充分利用好税务部门的大数据优势，做实缴费基数；另一方面，要将居民养老保险缴费方式从定额缴费逐步转变为定比例缴费，以当地农村居民纯收入为缴费基数，将缴费比例逐步提高到8%左右。（3）实现全周期缴费。参保缴费既是劳动者的权利，也是法定义务。因此，一方面，要适时删除有关最低缴费15年的规定，取而代之以全参保周期缴费的要求；另一方面，要充分利用现代信息技术，对缴费中断者中断缴费的原因进行核查，并及时进行预警和提示。

第二，合理确定待遇。（1）调整计发月数。现行计发月数普遍低于余命，且退休年龄越低，数值之差越大，从而对退休行为产生了逆向激励。有鉴于此，应当根据不同年龄退休者的预期寿命情况，按照实际余命逐步调整计发月数。（2）明确记账利率。2016—2020 年的记账利率分别为 8.31%、7.12%、8.29%、7.61% 和 6.04%，均高于相应年份的 GDP 增长率。虽然此举可以在一定程度上弥补此前年份记账利率过低带来的损失，但仍需要进行机制化的制度设计，进而给参保者以稳定的预期。从理论上看，在个人账户作为记账方式的情况下，记账利率应当主要参考 GDP 增长率。（3）锁定待遇调整对象。其一，将待遇调整对象锁定为基础养老金，个人账户养老金部分不再参与调整。其二，待遇调整要按照保障老年人基本生活的原则，主要参考老年人基本生活成本和在职工资的增长速度，并以前者为主。其三，在"十四五"期间，要确保职工与居民的养老保险待遇水平差距不拉大，此后，可以使居民养老保险待遇水平增速略快于职工养老保险待遇水平，从而不断缩小两者之间的差距。

第三，拓展筹资来源。（1）厘定财政支出责任。当务之急是厘清不同层级财政资金在各项公共养老保险制度中的角色和责任。在职工基本养老保险制度中，建议采取"固定存量、分担增量"的方式确定财政责任。其中，固定存量是指将财政对职工基本养老保险的支出固定为当年基金总支出的 15%；分担增量是指在全国统筹后仍然出现的硬缺口由中央和省（区、市）根据基金征收情况、地方财政情况以及当地老龄化状况等合理分担。在居民养老保险制度中，考虑到财政资金的可负担性和对居民缴费的激励性，建议将财政对居民养老保险的投入从待遇补贴（即主要补贴基础养老金）转变为兼顾待遇补贴和缴费补贴，并逐步将重点转为缴费补贴，以提高居民的参保缴费水平。简而言之，就是要使基础养老金水平与当地老年人的基本支出水平挂钩，缴费补贴水平则与当地财政能力挂钩。（2）推进国有资本划转。2017年，国务院印发了《划转部分国有资本充实社保基金实施方案》。截至2020年年末，中央政府共划转了93家中央企业和中央金融机构国有资本总计1.68万亿元。接下来，将启动省（区、市）以下国有资本划转工作，建立综合考虑养老保险基金缺口与存量的社会保障战略储备基金和可动用的财政性资金规模等因素的划转比例确定机制，出台有关划转入社保基金的国有资本投资管理办法，明确其投资管理的主体、方式和变现支付的前提条件等。（3）启动战略储备基金。作为全国社会保障战略储备基金，设立于2000年的全国社会保障基金截至2022年年末，经过20多年的积累和投资运营，资产总额已经超过2.8万亿元[1]。设立战略储备基金的目

---

[1] 全国社会保障基金理事会社保基金年度报告（2022年度）[R/OL].（2023-09-28）[2023-10-02]. www.ssf.gov.cn/portal/xxgk/fdzdgknr/cwbg/sbjjndbg/webinfo/2023/09/1697471208931405.html.

的就是在人口老龄化高峰期，用以支持包括养老保险在内的社会保障基金支出。未来30年，中国人口老龄化将会加速，各项养老保险制度的财务可持续性面临挑战，从而也到了启用战略储备基金之时。建议进一步修订完善全国社会保障基金的有关管理办法，增加有关支出条件和规模的规定。总体上，在2035年之前，战略储备基金要兼顾支出和投资两项职能；2035年后，根据养老保险基金的财务状况，优先承担支出职能。需要补充说明的是，战略储备基金不仅要分担职工基本养老保险的支出责任，还要分担居民养老保险的支出责任。

第四，强化管理服务。（1）推进统收统支。2022年年初，全国统筹调剂金制度开始实施，全国范围内处于收不抵支状况的省份的全部缺口由处于结余状况的省份按照一定的比例来分担。这种方式虽然弥补了当期的缺口，但仍然面临长期问题。近些年来，随着社会保险费征收体制的改革、法定费率的逐步下降与统一，以及全国统一信息系统的加快建设，实施统收统支的职工养老保险已经有了较为坚实的制度和技术基础。建议在"十四五"期末启动实施职工养老保险统收统支，真正实现制度的完全统一和规范运行。（2）加强管理监督。在明确了社会保险经办机构的法人地位后，社会保险行政机构就应当被明确为养老保险制度运行的行政监督机构。统筹层次以下的社会保险行政机构要以管理监督为主要职能：一方面，要充分利用好互联网、大数据、区块链等现代信息技术，对全流程的参保缴费、关系转移以及待遇领取行为进行监督，更加充分地发挥养老保险全国统筹业务经办监督平台的作用，对常见的业务经办违规现象进行重点监督；另一方面，要协同地方税务部门和医疗保障行政部门，联合开展劳动保障的现场监督工作，充分调动审计事务所、律师事务所、社会工作者等社会资源，形成由行政监督、立法监督和社会监督共同构成的监督网络。（3）提升经办服务效能。其一，要以疫情背景下大力推进网上办理、掌上办理为契机，提高数字信息时代相关业务办理的智能化和便捷化程度；其二，要以全国统筹为契机，在实行省（区、市）以下垂直经办的条件下，统一规范经办流程，明确不同层级经办机构的职责与权力；其三，要按照便利群众的原则，在基层建立包括养老保险、医疗保险以及社会救助等业务在内的综合性、整合型民生业务办事大厅，实现较高层级政府部门的专业分工与基层公共服务事务整合办理的有机结合。

第五，重构多层次体系。多层次是人口老龄化背景下各国养老金制度体系建设的理论共识，也是我国养老金制度体系建设的既定目标。然而，相关国际组织的"三支柱"或"五支柱"设计都是基于工业化时代的就业方式，尤其是补充层次的设计，第二支柱是基于受雇劳动的劳资双方分担缴费责任，第三支柱则是基于个人缴费的商业化养老产品。然而，目前我国的多层次养老金制度体系建设呈现出第一支柱替代率较高、补充层次发展动力不足等问题。针对这样的现状，有必要对我国的多层次养老金制度体系进行新的顶层设计，宏观思路主要包括以下两个方面：其一，将公共养老金的个人账户部分转化为补充年金，以此实现基本养老保险完全公共养老金化，促进企业年金走向适度普惠，也为居民的补充年金注入"原动力"；其二，目前作为第二支柱的企业年金和职业年金既无法与第三支柱打通，也客观上导致了群体间养老金差距的扩大。传统二支柱的养老金设计是以稳定的劳动关系为基础的，而当前的就业已经呈现出灵活化、多样化的基本趋势，从而可以创新性地打通第二支柱和第三支柱，即：用人单位既可以建立企业年金，也可以资助劳动者参加第三支柱的个人养老金产品；劳动者在流动过程中，如果新单位没有企业年金计划，则可以将积累的企业年金资金转入作为第三支柱的个人养老金账户。针对农村居民缺少有关补充年金制度设计的现状，建议结合乡村振兴战略实施和农村集体经济发展的契机，充分利用土地资源及其增值，探索建立针对农村居民的土地年金制度，作为其补充性质的养老金。

第三节 面向共同富裕的医疗保障制度改革[①]

一、总体目标

2035年医疗保障制度的发展目标是，覆盖全民、权责关系清晰、体系结构合理、运行机制高效、预期清晰稳定的中国特色医疗保障制度全面建成、高效运行，实现人人公平地享有基本医疗保障，不断增进人民健康福祉，基本实现医保治理现代化。

二、关键改革措施

第一，调整与完善医疗保障待遇政策。（1）建立基本医疗保险待遇清单制度。全面建立和贯彻落实基本医疗保险待

---

① 本节内容主要参考郑功成教授主持完成的《医保"十四五"规划基本思路与重点任务研究报告》。

遇清单管理制度，明确基本医疗保险和医疗救助的制度内涵、定位衔接和政策项目，整合制度资源，统筹规范医疗保障待遇清单管理标准、决策权限与程序，将基本医疗保险待遇清单的调整权力上收至国家医疗保障局。（2）加快推进分级诊疗制度。必须以强基层、建机制和家庭医生签约为抓手，加快推进公立医院与基层医疗卫生机构体制改革和人才体系建设，提升基层医疗机构服务能力，优化医疗机构体系设置、权责划分，完善基层管理和运行机制，引导参保患者形成"急慢分治、上下联动"的理性就医秩序。（3）建立长期护理保险。以"大众参与、小众受益"为制度建设目标，强调互助共济原则，理性进行长期护理保险制度设计，从参保范围、资金筹集、保障范围、支付标准以及经办管理等几个方面进行约束，向符合条件的失能人员提供基本生活照料和医疗护理等保障。（4）将职工门诊慢性病待遇扩展至居民。将慢性病门诊用药保障服务纳入协议管理，坚持预防为主、防治结合，落实基层医疗机构和全科医师责任，加强慢性病患者健康教育和健康管理，提高群众防治疾病健康意识。（5）提高基金统筹能力。以统一医保目录、待遇清单、实施办法为抓手，稳步提高统筹层次。一方面，在尽快完成剩余省份新农合与城镇居民基本医疗保险的"二元合并"后，支持探索职工基本医疗保险制度和居民基本医疗保险制度整合路径，向建立统一的一元化医疗保险制度并覆盖全民的目标稳步迈进。

另一方面，全面做实基本医疗保险市级统筹，积极推进基本医疗保险省级统筹。同时，建立中央医保后备金或准备金制度，用于类似应对新冠疫情等突发重大公共卫生事件并适度平衡地区间医保基金收不抵支的现象。

第二，积极稳妥推进筹资责任均衡化。（1）完善职工基本医保的筹资机制：劳资缴费责任均衡，退休老人缴费参保。参照社会医疗保险筹资机制的国际惯例，逐步建立用人单位与职工各自承担50%缴费责任的制度。鉴于人口老龄化进程的加快与老年人口流动、移居增多的需要，职工基本医保退休人员不缴费的规则应当及时废止，退休人员继续缴费参保的政策应当及时推行。按照"老人老办法、新人新办法、花钱买机制"的路径平稳有序推进。（2）完善居民基本医保的筹资机制：从定额、等额缴费制过渡到按收入比例缴费制，逐步均衡筹资负担，提高筹资水平，完善筹资方式。要以职工基本医疗保险筹资方式为标杆，完善居民基本医疗保险的筹资机制，从由政府承担主要责任逐步转向政府与居民筹资责任均衡，由目前的定额、等额缴费转向以收入为基准的多档缴费，最终走向与职工基本医疗保险相似的按收入比例缴费，以提高筹资水平，提升筹资效率，增进筹资公平。（3）完善医保基金支付预算管理制度，提高基本医保的保障水平。要逐步实现从"以收定支"向"以支定收"的转变，即根据医疗保障待遇清单精算筹资规模与结构，完善医保基金预算管理与总额预付制。只有坚持"以支定收",才能从人民疾病医疗保障的需要出发,真正实现切实解除全体人民疾病医疗的后顾之忧。当然,坚持"以支定收"要与保障适度原则统筹考虑,量力而行,引导合理预期,避免目前医保基金总额预付制执行中实际上的"以收定支"可能带来的负面效应。

第三,进一步推进基本医疗保险制度整合。(1)提高基本医疗保险统筹层次,积极推进省级统筹。在全面做实地市级统筹的条件下,在国家层面出台基本医疗保险省级统筹方案,全面推动地市级统筹调剂向基金统收统支过渡。同时,还要在全国范围内基本医疗保险政策设计标准化的基础上,完善异地就医直接结算管理,提高异地就医管理服务水平,在提高患者医疗保障水平的同时控制医疗费用的不合理增长。(2)在切实做实居民医保制度整合的基础上,积极探索居民医保和职工医保的整合,最终达到同一个制度覆盖全民的目标。积极探索城乡居民医保与职工医保整合为统一的基本医保制度,争取在"十四五"期末或"十五五"期间能够用统一的基本医保制度安排覆盖全民,让全体人民在统一的医保制度安排下享受到公平的基本医疗保障,最终建立起全国统一的国民健康保险制度,确保实现"人人享有健康"的目标,不断提高国民健康水平。以职工基本医疗保险为标杆,推动居民基本医疗保险在筹资、待遇、服务购买、费用支付、经办管理等方面的政策措施上逐步向职工基本医疗保险看齐，在政策设计标准化、一体化的基础上保留二者在筹资与待遇水平等参数上的差距。推动有条件的地区通过基金一体化实现制度的一元化。

第四，综合推动医药价格形成机制与医保支付方式改革。（1）完善国家组织的药品招标采购机制和使用政策。在现有集中招标采购机制的基础上，运用"一药一策"的谈判思路，鼓励第三方平台发展、加入和递送，以药品疗效价值和临床使用为重点，结合医疗服务供给方的现实需求，综合考量药物经济性和医保基金测算，建立科学合理、公平有效的谈判准入机制，促进谈判程序制度化、科学化、标准化。（2）推动医保支付标准与采购价协同。在全国范围内执行统一的基本医疗保险药品目录，控制省级自主调整权限。强化药品目录落实，及时按规定将目录内药品纳入各统筹地区医疗机构药品集中采购范围。（3）强化医疗服务管控，推动建立医药价格形成机制。继续探索药品降价、耗材降价的多种方式，加强医药耗材采购方与供给方的价格协商谈判，政策上做好全国医药耗材目录制定、更新和执行工作，促进谈判方向的瞄准和集体采购谈判能力的提升。加强医保经办方与医疗机构的协议谈判和管理，加快理顺医疗服务比价关系，推动降低药品、耗材等方面的费用，为进一步调整医疗服务价格腾出空间，切实减轻患者费用负担。（4）进一步推进DRG付费扩大范围，探索适合国情的多元支付方式。在真实、有效的医药市场价格信息的基础上，进一步完善多元复合型医疗费用支付方式，明确组合支付的内容、界限和标准，促进分人群、分病种的待遇水平调整，推动有条件的地区推行 DRG 付费方式，对住院医疗服务，主要按病种、按疾病诊断相关分组付费，长期、慢性病住院医疗服务可按床日付费，基层医疗服务可探索将按人头付费与慢性病管理相结合的方法。（5）推进医保大数据智能监控。通过大数据技术倒逼流程再造，形成医保支付和临床医疗路径、患者服务满意度情况挂钩的自反馈系统，利用机构行政数据和临床诊疗数据审核医疗路径和医保行为，寻找最佳诊疗路径，提升医疗水平，严控违规用药和报销，确保基金安全，优化医疗资源在部门之间、地域之间、层级之间、病种之间的分配。

第四节　面向共同富裕的社会救助制度改革

一、总体目标

社会救助是社会保障体系中历史最悠久的制度安排，传统的社会救助制度旨在帮助人们摆脱生存的绝境，中国的社会救助制度在减少绝对贫困人口方面发挥了非常重要的作用。2020年，精准扶贫的目标全面实现。在这样的背景下，党的十九届四中全会明确提出了社会救助制度要从解决绝对贫困问题转变为有效应对相对贫困问题。这意味着社会救助制度不仅不会退出历史的舞台，而且还应当成为实现共同富裕的兜底性制度安排。到2035年时，以应对相对贫困为目标，城乡统一、项目完整、水平适度的中国特色综合型社会救助体系成熟定型并健康运行，社会救助治理体系和治理能力基本实现现代化，既能够有效避免任何国民陷入生存危机，也能够有力地支持其能力的提升和发展。

二、关键改革措施

第一，进一步完善最低生活保障制度。最低生活保障制度是社会救助体系的核心，关键举措应当包括：（1）尽快实现低保制度的城乡统一。随着城镇化率的提高和农村居民生活方式的变化，城乡居民维持基本生活的成本正在趋向一致，因此低保制度应该尽快地实现城乡统筹，其政策要点就在于实现同一地市辖区内城乡低保标准的统一。（2）优化现行的家计调查方式。家计调查是社会救助的基础，也是确保救助公平性的前提。在收入来源多样化、个人信息保护意识增强以及数据分布在不同部门的背景下，要优化家计调查方式，综合考虑收入、财产和支出等方面，形成关键指标和简易程序，对瞒报或者提供虚假信息的，要加大惩治力度。同时，现行的补差方式对家计调查的准确性要求极高，要综合考虑这种方式的成本与效益，逐步向分级补贴转化。（3）彻底实现专项救助制度与最低生活保障的脱钩。在治理相对贫困的新目标下，社会救助的受益对象很可能进一步拓展，并且主要表现在各专项救助方面。因此，要彻底实现专项救助与低保资格的脱钩，按照低收入户的标准认定专项救助对象，实施精准帮扶。（4）在维护个人尊严和保障个人权利的前提下，提高瞄准机制的准确性，并实施动态管理，让真正有需要的人得到最及时的帮助。同时，还要适时引入收入豁免政策，实现对被救助者的就业激励。

第二，按照应对相对贫困的要求，拓展社会救助的内容，形成新型的社会救助体系。应对相对贫困是面向2035年社会救助体系建设的重点，为此，需要扩展社会救助的内容，丰富社会救助的形式，以提升相对贫困者的能力和社会参与程度为基本目标，具体包括：（1）更加重视教育救助，要将义务教育从九年拓展到十二年，要特别关注贫困家庭儿童的受教育情况，全力阻断贫困的代际传递。相关职业学校和高等学校要进一步加强对贫困地区以及贫困家庭儿童的支持,在招生就业、学校服务管理等方面制定倾斜性的政策。(2)更加重视住房救助。有恒产者有恒心。现行的住房保障政策在瞄准机制以及保障待遇等方面仍然存在较多问题。应当进一步完善公租房和非产权类保障性住房政策,分别瞄准贫困群体和低收入群体。要严格控制住房的面积和地理位置,从而让受助者通过自己持续的努力来改善居住条件。(3)更加重视就业救助。随着科学技术的发展,就业市场的结构会发生根本性的变化,从而会对贫困群体产生更加不利的影响。因此,要重视对低收入群体的就业能力培训,提高就业的组织性和计划性,及时根据劳动力市场的需求,对就业困难群体进行帮助。(4)加强对贫困群体的服务救助。随着从绝对贫困向相对贫困的转化,救助的方式也要从收入补偿转变为兼顾收入补偿和服务支持。要探索在就业、护理、交通、社会参与等方面的新型救助方式,让低收入群体不仅可以摆脱生存危机,而且可以提升发展能力,逐步实现自立。有鉴于此,要特别注意发挥好专业社会组织的作用,政府可以通过"公私合作"或者政府购买等方式,支持其发展。(5)要建立相对统一的社会救助管理体制。目前各专项救助都分散在不同的职能部门,无法发挥合力。要按照一件事务由一个部门主管的基本原则,在建立综合型社会救助体系的同时,将相关救助业务统一交由民政部门负责,进而优化社会救助的管理经办机制。

第三，不断提高社会救助的水平，建立稳定的财政投入机制。(1)改变低收入线的确定方法。在存在绝对贫困的条件下，贫困线和低保线基本是按照维持基本生活的"市场菜篮子"法来确定的；在应对相对贫困的目标下，低收入线应当是与社会平均收入相关联的，因此应当将社会平均收入的一定比例（如30%）作为低收入线的确定标准，并自动与社会平均收入关联。低收入线以下的城乡居民都可以申请生活救助或专项救助。(2)社会救助是政府责任，这是基本共识，但政府责任的边界以及中央政府与地方政府的责任分担需要明确。合理的取向应当是，政府责任宜以保障困难群体的基本生活并维护底线公平为原则，中央政府与地方政府应当按照一定的比例来分担责任，如7∶3或6∶4，确定稳定的责任分担比例可以使各级政府明了自己在社会救助方面的义务，从而能够有计划地组织财力[①]。

第四，当务之急是尽快制定"社会救助法"，实现社会救助制度的法制化。"社会救助法"应当是社会保障领域的支柱性法律，在立法过程中，应当兼顾当前社会救助制度发展的关键问题和未来应对相对贫困的要求，既对当前的社会救助工作有所指导，又要对未来的社会救助事业发展有引领和规范作用。其中，要特别处理好社会救助对象的认定、社会救助程序

---

① 郑功成.中国社会救助制度的合理定位与改革取向[J].国家行政学院学报，2015（4）：17-22.

的优化、社会救助管理体制的集中、社会救助资金来源的确定等关键问题，在尊重制度发展规律的前提下，寻求最大共识，争取早日出台一部具有较高质量的"社会救助法"，让社会救助制度早日运行在法制的轨道上。

第五节　面向共同富裕的社会福利制度改革

一、总体目标

目前，我国社会福利体系的发展总体还比较滞后，正处于适度普惠型社会福利的建设阶段。现代化、高质量的社会保障体系的一个重要标志就是初步实现从以社会保险为主体的社会保障体系向以社会福利为主体的社会保障体系迈进。相比于社会保险体系，社会福利体系的覆盖面更广，给付方式更多样化，内容也更加丰富，从而是能够满足人民美好生活需要、促进公共服务均等化和迈向共同富裕的重要制度安排。有鉴于此，社会福利体系应当得到更快和更全面的发展，发展的目标是到2035年时，项目完整、体系健全、能够提供较高水平现金津贴和较高质量服务的中国特色社会福利体系初步建成并健康运行，社会福利治理体系和治理能力现代化初步实现，能够较全面地满足人民的美好生活需要。

二、关键改革措施

第一，构建以老年人福利、儿童福利、残疾人福利为核心的完整的社会福利体系，实现从适度普惠的补缺型福利向普惠的制度型福利转变。老年人、儿童和残疾人应当是社会福利事业关注的重点，与此同时，还要扩展社会福利的范围和受益对象，让更多的人可以享受到普惠的社会福利。具体而言，在养老服务方面，要重点关注失能失智老人、农村留守老人和随迁老人的服务可及性问题，逐步取消老年津贴和服务的户籍限制；充分调动社会资源、探索集体经济发展的新路子，创新农村留守老人服务的供给方式；要逐步拓展养老服务的内容，满足老年人在医疗健康、心理慰藉、婚姻家庭以及社会参与等方面的高层次需求，为老年人制定更加个性化的服务方案。在儿童服务方面，要在进一步关注各种类型困境儿童生活状况的基础上，加快推进适度普惠型儿童福利制度建设；适时推出针对全体儿童的普惠型津贴制度，形成针对全体儿童的普惠福利制度与针对困境儿童的特殊福利制度的双层架构政策体系，形成现金津贴与服务相结合的福利供给形式；要尽快补齐0~3岁托幼服务的短板，进一步减轻家庭的育儿经济负担[1]。

第二，更新发展理念，树立更加积极的老年福利观和正确的儿童福利观。在养老服务体系建设中，要树立积极的老年福利观，充分尊重老年人的自主性和独立性，以帮助老年人实现自立为基本目标。当前，老龄化的负面效应被过分夸大，老年人的主观能动性被相对忽视，这有违健康老龄化的理念。在养老服务的递送过程中，要充分尊重老年人意愿、维护老年人权益、保护老年人隐私，让老年人参与到服务计划的设计中，从功能替代转变为功能支持。在托幼服务体系建设中，要树立儿童福利的概念并逐步以之替代学前教育的概念，兼顾儿童福利的抚育功能和教育功能。要真正贯彻儿童优先的理念，尊重儿童的生理和心理特征，以实现儿童的健康快乐成长为根本目标[2]。

第三，充分发挥公共资源的引导作用，大力倡导社会力量参与养老和托幼事业，政府从直接提供服务转变为监管并提高其服务质量。(1)要实现从直接投入向间接投入的转型，

---

[1] 郑功成，等.中国民生70年（1949—2019）：从饥寒交迫走向美好生活[M].长沙：湖南教育出版社，2019：450.
[2] 郑功成，等.中国民生70年（1949—2019）：从饥寒交迫走向美好生活[M].长沙：湖南教育出版社，2019：450.

进一步提高对社区养老和托幼设施建设与运营的补贴力度，有效发挥公共财政资金对民间投资的撬动作用。（2）要积极探索政府与民间资本的合作方式，包括公建民营、公有民办、PPP等多种方式。要优化包括市场准入、政府补贴、税费减免、土地保障和金融支持等方面的优惠政策，确保落实到位[①]。（3）要实现公共资源和社会资源的合理分工，构建多层次的养老哺幼服务体系。公共资源要着眼于提供基本服务，并向贫困、失能等特殊群体倾斜；社会资源要在参与提供基本服务的同时，着眼于满足城乡居民个性化和高质量的养老哺幼服务需求[②]。

第四，按照"养老、孝老、敬老"的要求，建设高质量的养老服务体系[③]。（1）要促进居家、社区、机构养老从相互分割转向三位一体。要尊重绝大多数老年人居家养老的意愿，让社区成为养老服务业的牢固基石，通过让优质机构在社区建立服务站点并提供居家服务的方式，推进养老服务的标准化、连锁化、社区化，实现机构、社区与居家的有机结合。（2）将养老服务从狭隘的生活照料向医养结合、康养融合扩展，提高养老服务的质量，建立全生命周期的服务体系，满

---

① 马驰，秦光荣，何晔晖，等.关于应对人口老龄化与发展养老服务的调研报告[J].社会保障评论，2017，1（1）：8-23.
② 郑功成，等.中国民生70年（1949—2019）：从饥寒交迫走向美好生活[M].长沙：湖南教育出版社，2019：451.
③ 有关基本养老服务均等化的建议参见第五章第二节。

足老年人的不同需求。根据分层分类的要求，对于完全可以自理的老年人，要提供更加多元化和个性化的服务，尤其是要满足老年人在健康、社会参与以及自我实现等方面的需求；对于半自理老人，要在尊重其自主性，提供生活支持的同时，兼顾其精神慰藉和其他方面的需求；对于完全失能的老人，则要以机构照护为主，其中的贫困者要由政府承担主要责任，非贫困家庭的失能老人则可以由家庭承担相关费用。要按照全生命周期的理念，适时发展临终关怀服务，提升老年人死亡质量。（3）要在进一步开放养老服务市场的同时，加强对市场的监管，提升服务的质量。要在财政税收、土地使用、金融贷款、运营成本等方面出台更加有力的政策，进一步吸引民间资本和社会力量进入养老服务市场，但也要加强监管，防止出现非法集资、将养老服务地产化等不良现象，优化市场环境，提升服务质量。（4）要实现从以硬件设施建设为主向兼顾硬件设施与人才培养的转变。在硬件设施建设方面，要根据老年人的实际分布状况而不是行政区域规划优化机构分布，尤其是要加强社区嵌入式的小型养老服务综合体建设，控制机构规模，让老年人可以在自己熟悉的环境中生活。与此同时，要通过政府购买、提高职业化程度与社会地位、强化激励机制、合理规划职业上升通道、调动志愿者力量、开发低龄与健康老年人的人力资源等方式，培养一支数量足、素质高的养老服务队伍[1]。(5)要更好地发挥家庭的作用。家庭保障是我国的传统养老形式,虽然随着家庭结构的小型化,其保障能力在相对下降,但家庭成员在心理慰藉等方面仍然发挥着无法替代的作用。因此,要建立更加有利于发挥家庭成员作用的政策支持体系,包括通过长期护理保险为提供服务的家庭成员付费、建立喘息制度,以及实施吸引年轻人与父母就近居住的政策等。

第五,落实儿童优先战略,加快建设儿童福利体系[2]。(1)真正确立儿童优先的宏观政策取向。国家制定相关政策时要体现"儿童优先"原则,保障儿童生存、发展、受保护和参与的权利,提高儿童整体素质,促进儿童的身心健康发展。(2)统筹规划面向全体儿童的福利政策体系,并明确其结构与功能定位。广义的儿童福利应当包括儿童保育、儿童教育、儿童保健、儿童娱乐、儿童参与等。法定儿童福利制度应当采取普惠福利+特殊福利的双层架构,前者满足儿童福利的普遍性需求,后者解决不能在普惠性制度安排下解决的特殊儿童的特别需要。同时,需要构建政府兜底+社会公益+市场提供的多层次服务供给体系。(3)明确儿童福利的内涵与外延。采取现金津贴、基本公共服务与抚养人假期等

---

[1] 马驭,秦光荣,何晔晖,等.关于应对人口老龄化与发展养老服务的调研报告[J].社会保障评论,2017,1(1):8-23.
[2] 有关基本托育服务均等化的建议参见第五章第四节。

多种形式，同步推进面向儿童的物质保障与精神保障，在确保儿童身体健康的同时，从小培养健全的人格、阳光的心理、追求真善美的品性，以及积极主动参与的取向，发掘儿童发展的潜质。(4)当前的重点任务是解决好困境儿童的生活保障与发展问题。要尽快开展专项普查，摸清困境儿童底数，统筹推进普惠型儿童福利制度建设，让困境儿童从中获益；要完善特定制度安排，解决困境儿童的现实困难；要动员社会力量，更好地满足困境儿童的需要[①]。

---

① 郑功成.中国儿童福利事业发展初论[J].中国民政，2019（11）：51-53.

| 第七章 |

乡村振兴与共同富裕*

第一节　城乡差距：实现共同富裕的主要短板

城乡差距是我国社会长期存在的现象，通过农业现代化发展，提高农民收入，实现城乡居民在收入、财产、消费以及精神文化生活方面差距的缩小是共同富裕的重要指向。在历史上，如前文所述，1953年12月《中国共产党中央委员会关于发展农业生产合作社的决议》首次提出"共同富裕"的概念后，《人民日报》开设了《向农民宣传总路线》专栏。其中诗人郭小川的文章标题就是"社会主义的路是农民共同富裕的路"。他在文章中指出："怎样才能不走资本主义的路

---

* 本章的主要观点和数据均来源于中国社会保障学会2022年11月26日举行的"共同富裕大家谈"第二期"乡村振兴与共同富裕"上分享嘉宾的核心观点。

呢？唯一的办法就是走社会主义的路。什么是社会主义？在农村，社会主义就是大家联合起来，用大规模生产和新的农具、农业机器和新的农作法来经营农业，使大家能够共同富裕。"[1] 由此可见，农村是实现共同富裕需要重点关注的地区。

党中央一直高度关注"三农"问题。1982—1986年连续五年的中央一号文件都是关于"三农"问题的，而2004年以来，连续二十年的中央一号文件都是以"三农"问题为主题。中央一号文件已经成为党中央、国务院重视"三农"问题的代名词。长期以来，我国靠农村的四项制度和农民的四项权利成功避免了两极分化[2]，但城乡发展差距仍然客观存在，也是实现全体人民共同富裕的主要短板，具体体现在以下四个方面：

第一，农村低收入人口规模仍然较大。根据有关研究机构的宽口径测算，农村约80%的人口为低收入人口，规模接近4亿人。根据有关部门以建档立卡贫困户为基础的低收入人口监测信息，全国目前有6300万左右的低收入人口，主要包括已经享受各类社会救助的人口4500万，低保边缘人口610万左右，因各种突发困难而造成的支出性贫困

---

[1] 郭小川. 社会主义的路是农民共同富裕的路 [N]. 人民日报，1953-12-12（3）.
[2] 陈锡文. 充分发挥农村集体经济组织在共同富裕中的作用 [J]. 农业经济问题，2022（5）：4-9.

人口680万左右，易返贫致贫人口290万，以及其他脆弱群体220万左右[1]。在这6 300万低收入人口中，农村人口占比80%以上，即5 000万左右的农村人口仍然面临较大的返贫风险。

第二，城乡居民的收入和消费差距仍然显著。在收入方面，2022年城乡居民的人均可支配收入之比为2.45，城镇居民的人均可支配收入相当于农村居民的2.45倍，农村居民的人均可支配收入相当于城镇居民的40.8%。在消费方面，城乡居民人均消费支出之比为1.8，从消费结构上看，农村居民的恩格尔系数比城镇居民高3.5个百分点。城乡居民之间收入、资产和消费的差距相互影响，较低的收入限制了教育，并直接导致了资产和消费的差距，教育和产业发展的不足反过来又制约收入的增长。与此同时，随着农民收入的非集体化和非农业化，农村居民内部的收入差距也在不断扩大。集体经营的弱化和家庭经营的强化，使得家庭经营能力的差异一方面提高了农民的收入，另一方面也扩大了收入的差距[2]。

第三，城乡之间公共服务的差距也需要高度重视。共同

---

[1] 刘喜堂.加快健全农村低收入人口动态监测和常态化救助帮扶机制[EB/OL].（2022-12-02）[2023-01-27].http://theory.gmw.cn/2022-12/02/content_36204646.htm.
[2] 罗楚亮.收入结构与居民收入差距变动：新中国成立以来收入差距的基本特征[J].北京工商大学学报（社会科学版），2020，35（4）：32-42，56.

富裕不仅是收入水平和物质生活差距的缩小，还是公共服务与精神文化生活质量的同步发展。经过脱贫攻坚战，农村地区的公共设施建设取得了长足进步，但"硬件硬，软件软"的问题仍然普遍存在，医疗卫生、养老助残等基本公共服务的可及性仍然不足。统计数据显示，截至2021年年底，城市社区综合服务设施覆盖率已经达到100%，农村社区综合服务设施覆盖率为79.5%，而农村地区高质量的公共服务供给总量更是严重不足。

第四，制约农民收入增长并导致返贫的风险因素仍然复杂。有关测算表明，近些年农村居民的收入增长主要依赖工资性收入和转移性收入，2016年到2021年上述二者对农民增收的贡献率高达69.6%，贫困地区达到75%。其中，工资性收入主要通过外出打工获得，转移性收入是政府的补贴。这说明农民收入的提高并不是通过农村地区的发展、农业产业的发展实现的，它既不是乡村振兴带来的，也没有带动乡村振兴。虑及劳动力供求关系变化带来的工资增长率增速放缓，以及政府可支配财力的总量限制等因素，确保农村居民收入持续稳定增长需要有新的支撑点。与此同时，随着家庭结构的变化，农村居民在养老、医疗等领域出现灾难性大额支出的风险依然存在。

第二节 乡村振兴的战略思路与战略举措

党的十九大正式提出了乡村振兴战略，这一战略是关系全面建设社会主义现代化国家的全局性、历史性任务，是新时代"三农"工作总抓手[①]。乡村振兴需要实现农业现代化，即适应社会大生产的需要，开展农业集约化生产和经营，要按照市场经济的规律发展特色农业，更加充分地发挥农村新型集体经济的作用，实现从农业大国向农业强国的转变，将粮食安全牢牢把握在我们自己手上。乡村振兴要推动农民现代化，要全方位拓展农民收入来源、培养新时代职业农民，全面提高农民收入、财产和消费水平，提升农民物质文化和精神文化层次，保障农民获得各项基本公共服务的权利。乡村振兴需要实现农村现代化，要在脱贫攻坚大幅改善农村硬件条件的基础上，加强统筹规划，特别是乡村水、电、路、气、邮政通信、广播电视、物流等方面的标准、建设、管护

[①] 把乡村振兴战略作为新时代"三农"工作总抓手 促进农业全面升级农村全面进步农民全面发展 [N]. 人民日报，2018-09-23（1）.

及服务[1]，建设更多的美丽宜居乡村。

一、乡村振兴的五大战略思路

第一，准确定位乡村功能。乡村的发展既要融入城乡一体化的大趋势中，也要保持乡村自身的特点。习近平总书记要求，搞新农村建设不能"搞得城市不像城市、农村不像农村"[2]。乡村振兴不能简单照搬城镇的建设与发展思路，而是要准确定位乡村在新时代发展中的新功能，包括巩固农业基础、确保粮食安全，守护青山绿水、实现生态保护与生态涵养，要保留乡土味道、传承中华民族传统文化，要优化乡村风貌，使之成为休闲观光的首选之地等。中国不同区域的农村发展的比较优势不同，有些地区的农村适宜进行集约化的农业生产，有些地区的农村适宜开发休闲旅游，有些地区的农村则适宜展现乡土文化，从而需要因地适宜制定发展战略。

第二，全面融入整体规划。要将乡村振兴全面融入国家与地方的经济、政治、社会、文化发展政策并全方位推进。就像深度贫困地区与绝对贫困人口构成建成全面小康社会的

---

[1] 胡鞍钢，周绍杰.2035中国：迈向共同富裕[J].北京工业大学学报（社会科学版），2022，22（1）：1-22.

[2] 中共中央文献研究室．十八大以来重要文献选编：上[M].北京：中央文献出版社，2014：683.

最大短板一样，现在的农村与农民也构成实现中国式现代化和共同富裕的最大短板，因此，乡村振兴应该基于中国式现代化目标导向，在巩固脱贫攻坚成果的基础上实现全方位的跃升。它应该是各级政府各部门和社会各界的共同事务，要形成政府、市场主体与社会力量同时发力的大格局。要继续发挥新型举国体制下对口支援的制度优势，让先富裕起来的地区真正承担起带动后富的责任；要充分发挥市场的力量，在对农村自然环境资源进行有效保护的前提下，挖掘农村地区各种新生产要素的功能，创新产品形式和产业模式；要更加充分地调动社会的力量，汇聚更多的社会资源支持农村发展和农民增收。

第三，继续精准施策。应继续用精准扶贫的理念指导乡村振兴并精准施策。乡村振兴是在圆满完成脱贫攻坚任务后实现农村发展全方位升华的国家战略行动。我国近十年之所以能够取得消灭区域性整体性贫困与绝对贫困现象的历史性成就，关键是因为有习近平总书记提出的精准扶贫思想指引，是先找到致贫原因再对症下药精准施策的结果。脱贫攻坚成功实践的经验表明，乡村振兴也不能例外。我国幅员辽阔，各地自然条件与乡土文化差异很大，乡村振兴的道路和模式必然存在较大差别，从而只有因地制宜才能行稳致远。因此，在目标明确和宏观政策日益成熟的条件下，当前特别需要根据不同地区自然禀赋的优势、城乡融合模式的特点，找到适合各地的实践路径，打造出多个可供推广的样板，以持续不断地缩小城乡差距，不断促进并实现城乡居民共享发展。

第四，从重硬件投入转向软硬件投入并重。人才是建设社会主义现代化强国的重要支撑，乡村人才队伍建设也是实现乡村振兴的关键支撑。调研发现，在大规模基础设施、公共设施建设基本完成的条件下，农村地区特别是落后地区普遍存在着缺教师、缺医生、缺农业技术人员、缺经营能手、缺乡村治理能人的现象。这种局面不利于实现乡村振兴，个别地区在摘掉贫困帽子后还可能因外援人员减少而发展停滞甚至返贫。可见，乡村振兴的关键正在从物的方面转变到人的方面，培养本乡本土人才并激发其内生动力至关重要。只有培养成百上千万有用的乡土人才，同时引导城镇人才下乡，才能满足乡村振兴对人才的迫切需要。因此，国家需要将乡村人才队伍建设作为乡村振兴重大专项工程加以实施，通过专项投入并撬动社会投入，有组织、成规模地培养有素质的本乡本土人才，引入并留住城镇的专业人才。

第五，从重经济建设转向经济社会协同发展。乡村振兴必须有相应的产业支撑，但在脱贫攻坚任务完成后，乡村社会建设显得同等重要，因为社会建设如果总是滞后于经济发展，那么乡村振兴将陷入经济社会发展失衡状态，物质丰裕不可能自动带来精神丰盈，进而会出现内生动力弱化、乡风文明衰退、凝聚力衰减，人们的获得感、幸福感、安全感也会受到影响。因此，乡村振兴中应当提升对乡村社会建设的重视程度，要正视乡村社会结构、代际关系等发生的深刻变化，促使乡村治理、社会服务与乡风文明建设不断迈上新台阶，并通过对乡村有机结构的修复来提升内生动力，这才符合以人的自由而全面发展为目的的共同富裕的要求。

二、乡村振兴的十大战略举措

乡村振兴是整体工程，需要以产业发展为基础，以创新农村组织形态、强化组织建设为保障，以人才和资金为支撑，以提高农村居民收入和推进农村地区公共服务均等化为抓手，在做好政府兜底保障的同时，更加充分地调动社会和市场的力量，实施十大战略举措。

第一，多措并举持续提高农民收入。（1）明确目标，争取在 2035 年之前，将城乡居民收入之比降低到 1.8 以下，将城乡居民人均消费支出之比降低到 1.3 以下，到 2050 年时城乡居民收入和消费没有明显差距。（2）以农村产业发展支持工资性收入持续提高。目前农民的工资性收入主要来源于进城务工，下一阶段要通过农村特色产业的支撑和农业集约化生产程度的提高，大力发展农村新型集体经济，提高来自农业农村的工资性收入比重，从而实现农民增收与农村振兴的同步发展。(3) 促进经营性收入快速增长。现在农民来自农业生产经营的收入很少。人均经营性收入对农民增收的贡献率不到33.3%，其中第一产业经营性收入对农民增收的贡献率不到7.5%。下一步，要鼓励农民创新创业，促进家庭经营性收入快速增长，稳步提高农民的家庭经营性收入。(4) 拓展财产性收入来源。目前农村居民的财产性收入很少，比重很低，2021年财产性收入占比只有2.5%，对农民增收的贡献率只有2.9%。现在农村有丰富的资源，要探索"资源变资产，资产变财富"的渠道，充分总结和借鉴浙江共同富裕先行示范区在承包地连片流转、宅基地改革、片区组团等方面的实践经验，在做好农村集体资产保护和耕地保护的基础上，拓宽农民财产性收入来源。

第二，继续巩固脱贫攻坚成果。脱贫攻坚的重大胜利为我国全面建成小康社会、消除一定标准下的绝对贫困现象提供了有力支持。但是，我国部分脱贫地区、部分脱贫人口仍然面临着贫困脆弱性的问题，容易出现返贫现象，他们也是实现乡村振兴和全体人民共同富裕最困难的群体。有鉴于此，(1) 要持续开展农村低收入群体的动态监测，关注和分析导致低收入群体收入波动的主要原因并建立常态化、长效性的应对机制。(2) 对于产业扶贫的群体，要关注产业的可持续发展能力和盈利水平，继续在产业技术革新、产品销售渠道和后期服务等方面予以引导和支持，确保以产业为基础的收入稳定增长。(3) 对于异地搬迁的群体，要关注其可持续生计的有效来源。在改善其居住条件的基础上，通过技能培训、公益岗位开发等方式，为他们在当地找到相对稳定的就业机会，从而促进社会性融入。尤其是要确保异地搬迁群体子代的就地入学和教育问题，尽力切断贫困的代际传递。(4) 要调整最低生活保障制度的目标定位，以相对贫困、多维贫困和支出性贫困为主要参考依据，以收入补差和赋能增能为主要手段，建立更加精准的低保对象瞄准机制和更加灵活的退出机制。

第三，科学确立和发展农业特色产业。发展农业特色产业是吸引高素质人才回流，持续提高当地农民收入，进而实现乡村振兴的重要支撑和长效机制。然而，目前各地的农业特色产业存在片面追求规模、产业形式雷同、品种特色不鲜明、重生产轻销售等问题。有鉴于此，建议按照"一二三"的原则科学确立和发展农业特色产业。(1) 找到排他性的唯一要素。要找到当地气候、土壤、人文或者技术上的唯一要素，确立难以模仿的特色产业。产业的发展也要以解决当地农民就业和提高农民收入为主要目标。(2) 找到适宜方向，进行适度发展。要因地制宜，找到适宜的发展方向，讲科学、不跟风；强调供求平衡，尊重市场规律，进行适度的发展，不冒进、不盲目追求规模。(3) 要实现三个方面的转变，即：在发展思路上，把资源优势转变为产品优势，把技术优势转变为竞争力优势，把人文优势转变为品牌优势；在产品类型选择上，要做到技术可行、环境承载力可行和市场销路与经济效益可行；在主体上，要做到三家结合，即政府支持、科学家赋能、企业家运作。

第四，要大力发展农村新型集体经济。统分结合的双层经营体制是我国农村经济的基本经营方式，联产承包责任制推广以来，以"分"为主的家庭承包经营极大地激发了农民的积极性，为农民收入的增长提供了重要的支撑。但是，分散经营显然无法从根本上解决农村居民共同富裕的问题，从而有必要在保持农村土地承包关系稳定的基础上，发展壮大新型农村集体经济。2023年3月5日，习近平总书记在参加十四届全国人大一次会议江苏代表团审议时强调，要"发展新型农村集体经济，发展新型农业经营主体和社会化服务，发展农村适度规模经营，为农业农村发展增动力、添活力"[①]。当前不断深化的农村集体产权制度改革，尤其是"三权分置"改革，为农村集体经济的多样化发展奠定了产权基础。要完善农村新型集体经济的内部治理机制和利益分享机制，使之不仅成为农村居民实现共同富裕的经济组织形态，而且成为农村基层民主政治建设的有效载体。

第五，加大金融支持力度。资金的相对缺乏是乡村振兴

---

① 牢牢把握高质量发展这个首要任务[N].人民日报，2023-03-06（1）.

的另一大难题。对此，习近平总书记指出，要"深化农村信用社改革，多渠道补充中小银行资本金，推动农村金融机构回归本源"[1]。要在金融贷款方面为涉农企业提供更好的支持与服务，为它们参与乡村振兴提供有力支持；要完善与城镇资产同等化的农村资产价值评估机制，支持农村金融机构向"农姓农有"转变，逐步提高农村金融机构中涉农资本的股份比例[2]。要深入开展农村小额金融信贷服务，支持农村居民开展经营活动并提高收入水平。与此同时，还要特别注意防范农村金融风险，要确保农村集体和农村居民在乡村金融发展中的利益。

第六，扎实推进城乡基本公共服务均等化，真正畅通城乡要素流动。党的二十大报告要求，2035年要实现基本公共服务均等化，同时要让农村基本具备现代生活条件，建设宜居宜业和美乡村。这实际上已经为农村居民提供了清晰的预期，但还需要尽早确立城乡基本公共服务均等化的时间表与路线图，特别是需要尽快扫除阻碍城乡之间人员、货物、资金、信息、技术、服务等要素自由流动的政策壁垒，真正实现城乡之间良性互动、一体繁荣，稳步迈向共同富裕。要根据农村人口的区域分布和年龄结构特征，着力提高服务可及

---

[1] 习近平.坚持把解决好"三农"问题作为全党工作重中之重 举全党全社会之力推动乡村振兴[J].求是，2022（7）：4-17.
[2] 马建堂.奋力迈上共同富裕之路[M].北京：中信出版集团，2022：271.

性与服务质量。具体而言，要加强农村住房、教育、医疗、养老等方面的公共服务。要建立多层次的养老服务体系，强化兜底性的养老服务，特别是依托区域养老服务中心或者为老服务综合体来发展农村的互助养老。要优化儿童福利和儿童保障的服务供给，分层次、分类型、分标准健全儿童福利保障政策，加强残疾人的保障和关爱服务，优化康复和特殊教育服务等资源的配置。

第七，创新基层组织形态，强化农村社会治理。习近平总书记深刻地指出，目前，我国农村社会处于深刻变化和调整时期，出现了很多新情况新问题，虽然错综复杂，但归结起来就是一个"散"字[①]。组织化程度不足，能发挥实际作用的组织不够，是乡村发展的瓶颈。有鉴于此，要充分发挥乡村基层党组织的领导作用，振兴农村集体经济组织和村民自治组织，发展农民需要的各种新型社会组织，提高农民在推进乡村振兴中的组织化程度。要充分发挥党建引领基层治理现代化的作用，加强农村群众性自治组织建设，依托村民会议、村民代表会议、村民议事会等机制，形成民事民议、民事民办、民事民管的多层次基层协商格局，推进村级事务的阳光工程等。要把农村组织建设与乡村经济建设、精神文明建设以及环境建设等结合起来，让农村居民在经济社会活动

---

① 习近平. 坚持把解决好"三农"问题作为全党工作重中之重 举全党全社会之力推动乡村振兴 [J]. 求是，2022（7）：4-17.

中真正实现共建共享共治。

第八，继续做好兜底保障工作。农村低收入人口中，绝大部分属于无劳动能力、弱劳动能力或者不具备就业条件，对这部分群体，仍然要继续做好兜底保障工作。要按照分层分类的要求，一方面，建立与基本生活水平相挂钩的社会救助对象瞄准机制，将领取社会救助的人群规模及比例保持相对稳定；另一方面，对于在教育、医疗、住房、就业等领域面临专项支出困难或临时困难的，要及时给予专项救助，既要避免悬崖效应，也要防止触碰社会道德底线的极端事件发生。

第九，探索建立符合农村居民特点的多层次社会保障体系。目前的多层次社会保障体系主要针对受雇的城镇劳动者，并不适用于大多数自雇的农村居民，从而会导致城乡居民在社会保障待遇上的差距不断拉大。有鉴于此，应当按照分类施策的原则，对于从事受雇劳动的农村居民而言，无论其行业如何，都应该按照职工标准参加相应的基本和补充保险；对于真正的自雇农业生产者而言，则要充分利用集体经济收益、土地收益等资源，建立相对独立的补充保障体系。

第十，更好地发挥社会力量在乡村振兴中的作用。要充分发挥新型举国体制的优势，充分调动社会组织以及企业在乡村振兴中的积极作用。例如，中国乡村发展基金会通过改造升级传统项目，逐步实现从以援助型项目为主向综合发展型项目转变，从以自执行项目为主向自执行与第三方合作转变，更加注重公益项目的社会效益，更加注重当地可持续发展能力建设，更加注重帮扶对象内生能力建设。再如，腾讯集团提出可持续社会价值创新的理念，充分发挥互联网公司的信息技术优势，助力农村基层治理网络构建，推行耕耘者计划，参与培养乡村治理骨干人才，在重庆酉阳等地助力当地政府探索共富乡村建设新模式等，都取得了非常好的效果。

第三节 乡村振兴需要重点关注的三类群体

一、重点关注农村老年人生活状况，完善农村养老保障体系

七普数据显示，当前农村人口老龄化程度明显高于城镇。城镇的老龄化程度为15.8%，农村为23.8%，农村的老龄化程度比城镇高8个百分点。但是，农村居民的养老金水平大幅低于城镇居民，农村地区的高质量养老服务供给严重不足，农村老年人健康状况差，家庭保障能力严重弱化，农村老年人心理孤独、抑郁的比例大幅增加，甚至出现绝望自杀的极端现象。目前的农村老年农民在农产品统购统销制度下曾为

国家做出了极大贡献，是付出最多、享受最少的一代，理应被给予高度关注和大力支持，而不应当成为被忘记的一代。

具体而言：（1）适时建立与老年人基本生活支出水平相挂钩的居民养老金待遇增长机制，尤其要对高龄老人进行政策倾斜；要探索将土地增值收益、集体企业利润作为农村居民多层次养老金体系建设的物质来源。（2）在进一步加强农村养老服务设施建设的同时，根据老年人口尤其是失能、半失能老人的实际分布状况，优化资源配置；要充分利用农村传统乡土关系的优势，鼓励地方探索互助养老的新模式以及符合乡土乡情的医疗服务模式，重点解决专业护理人员和基层卫生服务人员不足的问题。（3）以推动和支持农村老年群体参与社会生产生活为抓手，提高老年人精神愉悦度。从理念上改变将老年人当作负担的思维，通过多种途径开发农村老年人力资源，推动农村留守老人参与农业技术服务、社区公共服务和基层治理事务，重新树立他们在乡村的威信。

二、重点关注农村低收入人口，构建更加完整的支持保障网

如前文所述，我国的低收入人口规模还比较大，实现共同富裕面临多重困难，其中大部分低收入人口又集中在农村

地区，主要包括社会救助对象、贫困边缘户及临时困难家庭等。根据《2021年民政事业发展统计公报》，全国有农村低保对象1 945万户、3 474.5万人，共有农村特困人员437.3万人，总数接近4 000万人。

改革开放以来，尽管农村低收入人群的人均收入也呈现出较为明显的增长，但与农村人均收入之间的差距越来越大。分城乡的收入五等分组数据显示，2021年，农村最低收入组的人均可支配收入为4 856元，是农村最高收入组的11%，是农村人均可支配收入的25.7%。从城乡比较的角度看，农村内部的差距更大，因为城镇最低收入组的人均可支配收入是城镇最高收入组的16.3%，是城镇人均可支配收入的35.3%。从时间序列看，2013年农村地区上述三个指标分别为2 878元、13.5%和30.5%，两相比较，意味着农村内部的收入分配差距也在拉大。究其原因，基于微观数据的分析发现，外出务工收入和农业经营收入具有缩小低收入群体和总体收入差距的作用；本地工资性收入具有扩大收入差距的作用[1]。然而，对于丧失劳动能力或有其他特殊情况的低收入家庭而言，其无法有效参与到外出务工和农业经营活动等缩小收入差距的经济活动中，收入增长缺乏长效机制。

---

[1] 罗楚亮，梁晓慧.农村低收入群体的收入增长与共同富裕[J].金融经济学研究，2022，37（1）：61-72.

按照"帮其挣钱、替其省钱、为其发钱"的总体思路[①]，对于其中缺乏劳动能力的群体而言，后两者应当成为主要的措施，具体包括：（1）为其提供更加精准的基本公共服务，要根据不同家庭的实际情况，制定具体的服务提供方案，逐步实现从以现金补贴为主到兼顾现金补贴和服务提供的转变。统计数据显示，截至 2021 年年底，全国共有困难残疾人生活补贴对象 1 194.1 万人，重度残疾人护理补贴对象 1 503.2 万人，然而，补贴如果无法购买到服务，就无法切实改善这部分群体的生活质量，而实现补贴和服务的双重供给则既可以扩大受助者的选择权，也可以通过"以工代赈"的方式创造一些就业岗位。（2）在大幅度提高并制定更加合理的最低生活保障标准的基础上，通过单独立户、分档次确定补贴标准、从现金保障扩充为服务保障，尤其是加强教育救助、医疗救助和住房救助，阻断贫困的代际传递，在共同富裕的道路上不落下任何一个人。

三、重点关注农村转移人口在居住地公平享受公共服务

农村转移人口虽然已经不在农村居住，但却是乡村振兴

[①] 杨立雄. 低收入群体共同富裕问题研究 [J]. 社会保障评论，2021，5（4）：70-86.

重要的外部资源和可以依靠的有生力量。2021年户籍人口城镇化率为46.7%，常住人口城镇化率为64.7%，相差18个百分点。部分大城市的公共服务与社会保障仍然与户籍挂钩，导致农村转移人口无法公平地享受到相关服务。据浙江省有关部门的调查，2021年浙江全省有农业转移人口1 746.8万人，其中68%居住在租赁房。国家虽然早已规定在落户的住房问题上实行租售同权，但是能否让租户在租赁的住房中落户，仍然是房主说了才能算。因此，在租赁住房上的落户就极为困难。

有鉴于此，要通过制定基本公共服务清单等方式，逐步将公共服务与户籍脱钩，首先实现城镇所有常住居民的公共服务均等化，再推及城乡之间公共服务的逐步均等化。除此之外，还要建立鼓励农村转移人口返乡创业等参与乡村振兴的激励机制，通过人员的双向流动，真正实现城乡融合发展。

结语：迈向共同富裕的中国式现代化

我国已经开启了建设中国特色社会主义现代化国家，以中国式现代化推进中华民族伟大复兴的新征程。实现国家现代化是中国近代以来仁人志士们矢志不渝的奋斗目标，也是全世界各国发展的基本方向。中国共产党人经过艰难探索和不懈努力，逐步形成和不断拓展了中国式现代化的理论体系、制度体系和政策路径。它是世界各国现代化的一般规律、社会主义制度的本质要求与中国本土国情相结合的产物；它指引着中国的现代化建设取得了瞩目的成就，并将继续推动中国现代化各项事业的全面发展和中华民族的伟大复兴。

实现全体人民共同富裕是中国式现代化的基本特征和本质要求。所谓基本特征，是实然性要求，它要求在建设中国式现代化国家的进程中扎实推进全体人民共同富裕，要将全体人民共同富裕作为评价中国式现代化进程的重要标准；所谓本质要求，则是应然性表达，阐释了中国式现代化与全体人民共同富裕之间关系的理论逻辑。放眼当今世界，已经实现或宣称已经实现现代化的资本主义国家有不少，但没有任何一个资本主义国家将共同富裕作为现代化的目标与内涵，只有高举社会主义旗帜、坚持科学社会主义道路、不断将马克思主义时代化的中国，才会将共同富裕作为国家现代化的基本特征和本质要求。

共同富裕是社会主义制度所内生的。坚定选择社会主义道路的中国和坚持将马克思主义作为指导思想的中国共产党必然会将共同富裕作为奋斗目标。我们曾经经历了共同贫穷的时代，也走过了一部分人先富起来的历史阶段，而扎实推进共同富裕，使全体人民共同富裕取得实质性进展则是新时代的必然选择。作为当今全世界最为重要的社会主义国家，中国情景下现代化国家建设与社会主义制度的相遇，既开辟了全球社会主义蓬勃发展的新局面，也赋予了现代化新的时代内涵。

在新时代扎实推进共同富裕是一项伟大的工程，面临着复杂的内外部经济社会环境和多重因素的制约与挑战，从而需要锚定目标、系统规划、整体推进。本书前面的内容已经从高质量经济发展、收入分配体系、公共服务均等化以及社会保障和乡村振兴等方面阐述了核心观点与政策主张，这里再重点强调一下扎实推进共同富裕需要处理好的十大关系。

第一，是理想与现实的关系，或曰目标与制约条件的关系。扎实推进共同富裕的目标提出后，有研究指出当前中国的收入分配差距在全球范围内处于较高水平，基尼系数普遍高于欧美现代化国家，从而认为将共同富裕作为中国式现代化的基本特征缺乏现实依据。这种理论观点显然未能厘清理想与现实之间的关系。正如前文所述，全世界实现现代化的资本主义国家不少，但却没有任何一个国家将共同富裕作为国家现代化的目标或基本特征，因为资本主义制度是不会以共同富裕为指向的，第二次世界大战后福利国家的出现也只是对资本主义内在矛盾的缓解，而无法从根本上解决生产关系对生产力发展的制约；相比而言，只有以公有制为基础的社会主义制度才会内生出全体人民共同富裕的目标。在中国当前的语境下，收入分配差距等问题的存在是客观现实，而扎实推进共同富裕则是目标，联结它们的路径就是通过高质量发展和深化各领域改革，解决收入分配差距等现实问题，实现全体人民共同富裕的目标。在这个过程中，要实现从制约条件下的目标最大化向以目标为导向的约束条件优化的思维与方法论转变。制约条件下的目标最大化是经济学的基本逻辑，是在假设各个制约条件不变的情况下，计算目标函数的最大取值，强调的是现实条件的约束。而实现全体人民共同富裕是不可动摇的发展目标，这个目标是社会主义制度的本质要求，是中国共产党人的历史使命，是中华民族和全体人民的理想追求，从而需要以目标为导向，制定阶段性的推进方案，通过改革与发展的方式，逐一破除各方面的制约因素，久久为功，持续推进，并最终建成全体人民共同富裕的社会主义现代化国家。

第二，是生产与分配的关系。学界普遍认为，共同富裕既涉及生产的问题，即如何继续将蛋糕做大，也涉及分配的问题，即如何将蛋糕分好，但对于哪一个环节才是矛盾的主要方面，却并未达成广泛一致。既有观点认为当前的主要任务仍然是加快经济发展，不断夯实共同富裕的物质基础，甚至认为市场经济能够自动地到达共同富裕的彼岸；也有观点认为我国已经是世界第二大经济体，分配才是矛盾的主要方面，从而需要通过构建和完善分配体系，加大再分配力度，优化收入分配结构。笔者认为，从现代化经济体系的整体观和辩证观来看，任何将生产与分配相对立的观点都不利于共同富裕事业的推进。生产与分配是国民经济活动相互关联的两个重要环节，二者相互联结、彼此影响。一方面，我们要看到生产对分配的决定性作用，要客观准确评价我国当前的经济发展水平和阶段，要冷静认识到经济高质量发展，尤其是经济增长动能转换所面临的诸多困难和挑战，通过提高全要素生产率，进一步发挥市场在资源配置中的决定性作用，确保一定的经济增速；另一方面，我们也要充分认识到分配对于生产的反作用，尤其是要完善社会保障等兼具分配性和生产性的重要制度安排。要采取更加精准有效的再分配和第三次分配手段，发挥政府在宏观调控和收入再分配中的决定性作用，调动包括企业和社会组织在内的各种社会力量有效参与到共同富裕的伟大事业中。

第三，是初次分配与再分配（包括第三次分配）的关系。按劳分配为主体、多种分配方式并存是我国的基本分配制度，初次分配、再分配和第三次分配共同构成了我国的分配体系，收入、财富以及公共服务资源是分配的基本内容。在迈向共同富裕的征程中，初次分配是基础，对于大多数有劳动能力和资源禀赋的国民而言，要通过教育、职业技术培训等方式不断提高他们在初次收入分配中的优势地位，持续提高劳动报酬占 GDP 的比重。这既是市场分配的基本逻辑，也是中国从人口大国走向人力资源强国、从全球最大的生产工厂走向最大的消费市场和经济内循环体的必然要求，还是中国创新能力不断增强、人民对美好生活的需要不断提高的背景下全球产业链重新分工的必然结果。但我们还要清醒地意识到，中国仍然有较大规模的低收入群体，要在通过各种方式将其转化为中等收入群体并保持稳定规模的同时，重点关注缺乏劳动能力或资源禀赋严重不足的群体，他们无法通过市场机制与全国人民一道走向共同富裕，而必须通过政府的财政支持、转移支付以及公共服务的均等化来确保生活质量的同步提升。我们的共同富裕不能落下任何一个群体、任何一个人。在这个过程中，将主要采取增量改革的方式实现总量提升，但也不可避免地采取"损有余而补不足"的方式进行结构调整，针对不同的对象，采取的主要方式也就不同，从而特别需要改革的智慧和集体主义的精神。

第四，是公平与效率的关系，或曰激励性与均等化的关系。这是人类经济社会运行中的一组基本关系。自美国政治学者奥肯提出平等与效率的重大抉择问题后，人们往往将两者视为对立关系，仿佛对公平的追求必然要损失效率，更高效率的实现必然要损害公平。在我国的经济体制和收入分配制度改革中，也曾有初次分配讲效率，再分配讲公平的主张。然而，在扎实推进共同富裕的过程中，需要重新审视公平与效率的关系而不可偏废。在生产环节，只有建立了更加公平统一的全国大市场，才能确保各种要素自由流动和按照边际贡献进行合理分配，整个经济体的运行才是最有效率的；在分配环节，只有对稀缺而有限的公共资源进行公平的分配，才可能有效防止权力或金钱的肆意介入，才能确保其真正惠及需要的人，而这种完全公平的资源分配机制也可以为相应私人服务市场的发展和成熟提供必要的支撑。（我国私人医疗市场的不发达就与公共卫生资源分配的不公平有关。）与此同时，我们也要认识到，共同富裕绝不是同等富裕，而是有差别但差别能为人们普遍接受的和谐状态，从这个意义上说，需要处理好激励性与均等化的关系，国家应保证国民基本生活水平的均等化，而通过激励性的制度安排，鼓励大家不断提高生活品质。

第五，是共建与共享的关系。共享既是共同富裕的理念基础，又是扎实推进共同富裕的基本方法。在党中央提出扎实推动共同富裕的目标后，社会上既有担心被迫共享的困扰，也有心存躺平之念以图自然共富的误判，这些都源于没有正确地认识共建与共享之间的关系。共建是共享的前提，只有积极参与社会经济建设和物质财富创造，才能合理地分享经济社会发展成果；共享是共建的目的，以人民为中心的发展思想和最终实现共同富裕的目标都决定了只有更多、更好地惠及人民群众物质文化生活的经济发展才是有价值的高质量发展。由于资源禀赋和劳动能力的差异，为了实现共同富裕之目标，既需要建立和完善税收、法定社会保险等强制性共享制度，也需要鼓励和引导建立健全慈善事业等自愿性共享机制，确保参与共建之人能够得到公平合理的共享，以共享之制不断提高共建的有效性与合理性。

第六，是物质财富与精神财富的关系。在中国式现代化的五大基本特征中，物质文明与精神文明相协调是其中之一；在有关共同富裕内涵的阐释中，亦强调共同富裕不仅是物质财富方面的，而且是精神财富方面的，要实现全体人民精神文化生活的共同富裕。在上述两个不同层面都强调物质和精神的关系，充分说明了这组关系的重要性。一个没有文化底蕴和文化传承的国家是缺乏核心竞争力和可持续发展能力的，一个没有道德追求和精神信仰的个体也是无法实现自由和全面发展的。我们应当清醒地认识到，改革开放以来，经济领域的快速发展使得部分群体出现了物质利益至上而精神生活空虚的现象，甚至在意识形态领域出现放松和动摇的情况，这值得高度关注和警惕。从个体的角度来说，物质生活需求和精神文化需要是相伴而生的，一方面，确保物质生活是基础和前提，但另一方面，物质生活水平的提高并不会自然地带来精神文化品位的提升，从而需要不断加强精神文明建设。有鉴于此，我们既要拥抱历史，充分挖掘中华民族优秀传统文化的当代价值，更要拥抱现实，不断提炼中国式现代化建设伟大实践所蕴含的精神价值。

第七，是中央与地方的关系。曾有观点认为，五千年中华文明史就是一部中央地方关系史，中国幅员辽阔、行政层级复杂，总是在统与分的历史周期中寻找适度的平衡。以财政分权为前提，以鼓励地方创新和开展地方锦标赛为主要特点的经济增长模式是解释改革开放以来我国经济长期高速发展的有力框架。然而，我国是一个单一制的统一主权国家，适度的地方分权固然有利于调动地方积极性，但却无法使我们这样一个区域差别极大的国家走向共同富裕。中央选择浙江这个全国内部发展差距最小的省份作为共同富裕的先行示范区，其核心评价标准恐怕不仅仅是浙江省内部是否实现了区域之间发展差距的持续缩小，更多的是浙江省如何为全国的共同富裕探索出一条可行之路。因此，在实现共同富裕的道路上，要处理好中央与地方的关系，在确保地方发展积极性的前提下，更好地发挥中央集中决策、整体部署、协同推进的作用，更加充分地发挥新型举国体制的优势，最终实现区域之间的协同发展与共同富裕。

第八，是发达地区（先富地区）与欠发达地区（后富地区）的关系。让一些地区（一部分人）先富起来，先富带动后富，最终实现共同富裕，这是邓小平的伟大创造，也是完全符合中国现实国情迈向共同富裕的可行之路。在先富阶段，核心的议题是如何激发先富地区、先富人群的积极性和创造力，最大限度地解放生产力、发展生产力，同时防止出现两极分化的现象。改革开放四十多年来，我们基本实现了这个目标。现在，我们到了共富的阶段，面临一些新的议题，例如输血式的帮扶与提高内生动力之间的关系问题，笔者目前作为一名援藏干部，充分地体会到援藏工作对于西藏经济社会可持续发展的重要意义，但也常常思考如何更加充分地发挥西藏本地的资源优势，如何更加充分地调动当地干部群众的积极性，从而实现内生性的可持续发展。因此，先富地区与后富地区的关系绝不仅仅是前者在物质资源和人力资源上对后者的支持，也不应当是前者致富模式的照搬重演，而是要与后富地区一起，共同探索符合本地资源环境条件的致富之路。

第九，是城乡之间的关系。城乡发展差距既是我国的现实国情，也是迈向共同富裕道路上最大的难题。西方资本主义国家的现代化都是与工业化相伴而行并以工业化为基本特征的。在中国这样一个人口大国（尤其是农业人口大国）进行现代化国家建设，其难度可想而知。不仅如此，在新时代的背景下，"三农"问题涉及产业结构、粮食安全、城乡战略纵深和人口迁移分布，甚至乡土文化依托与传承等多方面的复杂问题，从而现代化国家建设绝不是简单按照城市建设的思路来建设乡村，更不是将所有乡村改造成城市，直至消灭农村。要按照城乡融合发展的思路，以产业、人才等资源为支撑，准确找到乡村发展的新优势和新定位，让农村更美、农业更强、农民更富。

第十，是国内与国际的关系。西方思想家柏拉图描绘了理想国，中国古代圣贤孔夫子则求天下大同，从一国到天下，可窥其中之差异，可见中华民族之志。在当代的语境下，共同富裕主要指向国内，但走和平发展道路亦是中国式现代化的五大特征之一。中国式的现代化道路绝不是要抽身于世界整体发展洪流之外，相反却恰恰是要赋予现代化共同富裕之新内涵并为其他发展中国家实现现代化提供新的选择，也以共同富裕之中国式现代化道路为世界的合作共赢发展提供有益借鉴。从这个角度说，迈向共同富裕的中国式现代化也就具有了更为巨大的世界价值和全球意义。

参考文献

[1] 陈独秀.陈独秀文集：第1卷[M].北京：人民出版社，2013.

[2] 陈独秀.陈独秀文集：第2卷[M].北京：人民出版社，2013.

[3] 程美东.中国现代化思想史（1840—1949）[M].北京：高等教育出版社，2006.

[4] 邓小平.邓小平文选：第2卷[M].北京：人民出版社，1994.

[5] 邓小平.邓小平文选：第3卷[M].北京：人民出版社，1993.

[6] 国家发改委编写组.推动脱贫攻坚和特殊类型地区振兴发展[M].北京：中国计划出版社，2020.

[7] 江泽民.江泽民文选：第3卷[M].北京：人民出版社，2006.

[8] 江泽民.论社会主义市场经济[M].北京：中央文献出版社，2006.

[9] 金耀基.金耀基自选集[M].上海：上海教育出版社，2002.

[10] 李大钊.李大钊全集：第3卷[M].北京：人民出版社，2006.

[11] 李大钊.李大钊全集：第4卷[M].北京：人民出版社，2006.

[12] 李建新，等.中国民生发展报告2015[M].北京：北京大学出版社，2015.

[13] 李清彬.迈向共同富裕的分配行动探究[M].北京：人民出版社，2021.

[14] 李实，罗楚亮，等.国民收入分配与居民收入差距研究[M].北京：人民出版社，2020.

[15] 列宁.列宁全集：第34卷[M].北京：人民出版社，1985.

[16] 列宁.列宁全集：第40卷[M].北京：人民出版社，1992.

[17] 马建堂.奋力迈上共同富裕之路[M].北京：中信出版集团，2022.

[18] 马克思, 恩格斯. 马克思恩格斯全集: 第 25 卷 [M].2 版. 北京: 人民出版社, 2001.

[19] 马克思, 恩格斯. 马克思恩格斯文集: 第 2 卷 [M]. 北京: 人民出版社, 2009.

[20] 马克思, 恩格斯. 马克思恩格斯文集: 第 5 卷 [M]. 北京: 人民出版社, 2009.

[21] 毛泽东. 毛泽东文集: 第 3 卷 [M]. 北京: 人民出版社, 1996.

[22] 毛泽东. 毛泽东文集: 第 6 卷 [M]. 北京: 人民出版社, 1999.

[23] 毛泽东. 毛泽东文集: 第 7 卷 [M]. 北京: 人民出版社, 1999.

[24] 毛泽东. 毛泽东文集: 第 8 卷 [M]. 北京: 人民出版社, 1999.

[25] 毛泽东. 毛泽东选集: 第 4 卷 [M]. 北京: 人民出版社, 1991.

[26] 瞿秋白. 瞿秋白文集: 政治理论编: 第 8 卷 [M]. 北京: 人民出版社, 2013.

[27] 中共中央文献研究室. 十六大以来重要文献选编: 中 [M]. 北京: 中央文献出版社, 2006.

[28] 中共中央文献研究室. 十七大以来重要文献选编: 上 [M]. 北京: 中央文献出版社, 2009.

[29] 郁建兴. 畅通双循环, 构建新格局 [M]. 浙江: 浙江人民出版社, 2020.

[30] 邬沧萍, 等. 社会老年学 [M]. 北京: 中国人民大学出版社, 1999.

[31] 习近平. 习近平谈治国理政: 第 2 卷 [M]. 北京: 外文出版社, 2017.

[32] 习近平. 习近平谈治国理政: 第 3 卷 [M]. 北京: 外文出版社, 2020.

[33] 习近平. 习近平重要讲话单行本 (2021 年合订本) [M]. 北京: 人民出版社, 2022.

[34] 杨灿明, 孙群力. 我国收入与财富分配差距研究 [M]. 北京: 经济科学出版社, 2021.

[35] 张太雷. 张太雷文集 [M]. 北京: 人民出版社, 2013.

[36] 张小建. 中国就业改革发展 40 年 [M]. 北京: 中国劳动社会保障出版社, 2019.

[37] 郑功成，等.中国民生 70 年（1949—2019）：从饥寒交迫走向美好生活 [M].长沙：湖南教育出版社，2019.

[38] 中共中央文献研究室.三中全会以来重要文献选编：上 [M].北京：中央文献出版社，1982.

[39] 中共中央文献研究室.邓小平思想年编（一九七五——一九九七）[M].北京：中央文献出版社，2011.

[40] 中共中央文献研究室.建国以来重要文献选编：第 4 册 [M].北京：中央文献出版社，2011.

[41] 中共中央文献研究室.建国以来重要文献选编：第 9 册 [M].北京：中央文献出版社，2011.

[42] 中共中央文献研究室.建国以来重要文献选编：第 20 册 [M].北京：中央文献出版社，2011.

[43] 中共中央文献研究室.十八大以来重要文献选编：上 [M].北京：中央文献出版社，2014.

[44] 中共中央文献研究室.习近平关于社会主义经济建设论述摘编 [M].北京：中央文献出版社，2017.

[45] 本书编写组.中国共产党简史 [M].北京：人民出版社，中共党史出版社，2021.

[46] 周恩来.周恩来选集：下卷 [M].北京：人民出版社，1984.

[47] 周弘，等.促进共同富裕的国际比较 [M].北京：中国社会科学出版社，2021.

[48] 马歇尔·伯曼.一切坚固的东西都烟消云散了：现代性体验 [M].徐大建，张辑，译.北京：商务印书馆，2003.

[49] 弗朗西斯·福山.历史的终结及最后之人 [M].黄胜强，许铭原，译.北京：中国社会科学出版社，2003.

[50] 吉尔伯特·罗兹曼.中国的现代化 [M].陶骅，等译.上海：上海人民出版社，1989.

[51] 萨缪尔·亨廷顿.文明的冲突[M].周琪,等译.北京:新华出版社,2013.

[52] 塔尔科特·帕森斯.社会行动的结构[M].张明德,夏遇南,彭刚,译.南京:译林出版社,2003.

[53] 英格尔斯.人的现代化[M].殷陆君,编译.成都:四川人民出版社,1985.

[54] 陈丽君,郁建兴,徐铱娜.共同富裕指数模型的构建[J].治理研究,2021,37(4):2,5-16.

[55] 陈铁民.邓小平"中国式现代化"理论的世界历史意义[J].厦门大学学报(哲学社会科学版),1998(4):22-27.

[56] 陈锡文.充分发挥农村集体经济组织在共同富裕中的作用[J].农业经济问题,2022(5):4-9.

[57] 迟巍,蔡许许.城市居民财产性收入与贫富差距的实证分析[J].数量经济技术经济研究,2012,29(2):100-112;

[58] 段成荣,黄凡.准确定位新时代人口国情助力中国式现代化建设[J].人口与经济,2023(1):19-25.

[59] 高菲,王峥,王立.新型举国体制的时代内涵、关键特征与实现机理[J].中国科技论坛,2023(1):1-9.

[60] 葛延风,王列军,冯文猛,等.我国健康老龄化的挑战与策略选择[J].管理世界,2020,36(4):86-96.

[61] 郭林.中国殡葬服务:核心问题与发展思路[J].社会保障评论,2020,4(3):90-106.

[62] 郭台辉."中国式现代化"作为政治学概念建构的前置条件[J].中国社会科学评价,2022(4):18-26.

[63] 韩保江,李志斌.中国式现代化:特征、挑战与路径[J].管理世界,2022,38(11):29-43.

[64] 何文炯.共同富裕视角下的基本公共服务制度优化[J].中国人口科学,2022(1):2-15,126.

[65] 何星亮. 中国式现代化的理论与现实意义 [J]. 人民论坛，2022（21）：6-9.

[66] 胡鞍钢，周绍杰. 2035 中国：迈向共同富裕 [J]. 北京工业大学学报（社会科学版），2022，22（1）：1-22.

[67] 胡大平. 从近代民族复兴的话语看中国式现代化之新文明追求 [J]. 学术界，2022（11）：14-22.

[68] 胡国胜."中国式现代化"概念的源流考释与话语演变 [J]. 教学与研究，2022（12）：109-117.

[69] 江畅. 中国式现代化的必然性、合理性与正当性 [J]. 求索，2023（1）：19-30.

[70] 金民卿. 中国式现代化的形成发展及其对人类文明新形态的贡献 [J]. 马克思主义理论学科研究，2022，8（12）：15-27.

[71] 李乐乐，杨燕绥. 人口老龄化对医疗费用的影响研究：基于北京市的实证分析 [J]. 社会保障研究，2017（3）：27-39.

[72] 李实，朱梦冰. 中国经济转型 40 年中居民收入差距的变动 [J]. 管理世界，2018，34（12）：19-28.

[73] 李实，陈基平，滕阳川. 共同富裕路上的乡村振兴：问题、挑战与建议 [J]. 兰州大学学报（社会科学版），2021，49（3）：37-46.

[74] 李实. 共同富裕的目标和实现路径选择 [J]. 经济研究，2021，56（11）：4-13.

[75] 李实，陈宗胜，史晋川，等."共同富裕"主题笔谈 [J]. 浙江大学学报（人文社会科学版），2022，52（1）：6-21.

[76] 李文. 党的十八大以来关于推进共同富裕的伟大实践 [J]. 毛泽东研究，2022（4）：18-28.

[77] 林宝. 积极应对人口老龄化：内涵、目标和任务 [J]. 中国人口科学，2021（3）：42-55，127.

[78] 林毅夫，付才辉. 中国式现代化：蓝图、内涵与首要任务：新结构经济学

视角的阐释 [J]. 经济评论, 2022（6）: 3-17.

[79] 刘涛, 孙丽. 生态社会政策与福利国家的"绿"化: 开启社会保障研究的新视野 [J]. 山东行政学院学报, 2021（3）: 40-49.

[80] 刘伟, 陈彦斌. 2020—2035年中国经济增长与基本实现社会主义现代化 [J]. 中国人民大学学报, 2020, 34（4）: 54-68.

[81] 刘伟, 陈彦斌. 以高质量发展实现中国式现代化目标 [J]. 中国高校社会科学, 2022（6）: 33-40, 155.

[82] 鲁全. 系统集成视角下积极应对人口老龄化的社会保障改革研究 [J]. 学术研究, 2021（8）: 81-87.

[83] 鲁全. 中国的家庭结构变迁与家庭生育支持政策研究 [J]. 中共中央党校（国家行政学院）学报, 2021, 25（5）: 93-99.

[84] 鲁全. 党的十八大以来民生保障事业发展的成就、经验与理论创新 [J]. 社会治理, 2022（9）: 38-52.

[85] 陆杰华, 阮韵晨, 张莉. 健康老龄化的中国方案探讨: 内涵、主要障碍及其方略 [J]. 国家行政学院学报, 2017（5）: 40-47, 145.

[86] 罗楚亮, 滕阳川, 李利英. 行业结构、性别歧视与性别工资差距 [J]. 管理世界, 2019, 35（8）: 58-68.

[87] 罗楚亮. 收入结构与居民收入差距变动: 新中国成立以来收入差距的基本特征 [J]. 北京工商大学学报（社会科学版）, 2020, 35（4）: 32-42, 56.

[88] 罗楚亮, 李实, 岳希明. 中国居民收入差距变动分析（2013—2018）[J]. 中国社会科学, 2021（1）: 33-54, 204-205.

[89] 罗楚亮, 梁晓慧. 农村低收入群体的收入增长与共同富裕 [J]. 金融经济学研究, 2022, 37（1）: 61-72.

[90] 罗荣渠. 现代化理论与历史研究 [J]. 历史研究, 1986（3）: 19-32.

[91] 罗荣渠. 建立马克思主义的现代化理论的初步探索 [J]. 中国社会科学, 1988（1）: 39-64.

[92] 罗荣渠.20 世纪回顾与 21 世纪前瞻：从世界现代化进程视角透视 [J]. 战略与管理，1996（3）：91-95.

[93] 马驭，秦光荣，何晔晖，等 . 关于应对人口老龄化与发展养老服务的调研报告 [J]. 社会保障评论，2017，1（1）：8-23.

[94] 孟庆龙 . 人的解放与中国式现代化新道路 [J]. 南开学报（哲学社会科学版），2022（4）：13-21.

[95] 秦宣 . 新发展理念与中国改革开放的历史经验 [J]. 中国特色社会主义研究，2018（6）：20-25.

[96] 秦宣 . 论中国共产党的特质和优势 [J]. 马克思主义研究，2021（2）：1-9，151.

[97] 秦宣 . 推进社会主义文化强国建设的行动纲领 [J]. 红旗文稿，2022（22）：2，22-25.

[98] 秦宣 . 中国式现代化的历史逻辑探析 [J]. 当代中国史研究，2022，29（2）：4-21，155.

[99] 任剑涛 . 发展结构之变："共同富裕"的宏观论题 [J]. 理论探讨，2022（3）：2，28-38.

[100] 任剑涛 . 从现代化的规范含义理解"中国式现代化"[J]. 江汉论坛，2023（1）：5-14.

[101] 申曙光，马颖颖 . 新时代健康中国战略论纲 [J]. 改革，2018（4）：17-28.

[102] 申曙光，曾望峰 . 健康中国建设的理念、框架与路径 [J]. 中山大学学报（社会科学版），2020，60（1）：168-178.

[103] 沈斐 . 资本内在否定性框架中的跨国资本和全球治理 [J]. 马克思主义研究，2015（11）：75-83.

[104] 沈斐 . "美好生活"与"共同富裕"的新时代内涵：基于西方民主社会主义经验教训的分析 [J]. 毛泽东邓小平理论研究，2018（1）：28-35，107.

[105] 孙鹃娟，高秀文. 国际比较中的中国人口老龄化：趋势、特点及建议 [J]. 教学与研究，2018（5）：59-66.

[106] 孙业礼. 共同富裕：六十年来几代领导人的探索和追寻 [J]. 党的文献，2010（1）：80-87.

[107] 唐亚林，周昊. 走自己的路：中国式现代化的理论演进、路径选择与价值追求 [J]. 理论探讨，2022（5）：29-38.

[108] 唐亚林，郝文强. 人类文明新形态视野下中国式现代化的范式建构与路径选择 [J]. 新疆师范大学学报（哲学社会科学版），2023，44（2）：2，40-51.

[109] 陶文昭. 中国式现代化的伟大创造 [J]. 中国高校社会科学，2022（5）：22-29，157.

[110] 万海远. 实现全体人民共同富裕的现代化 [J]. 中国党政干部论坛，2020（12）：36-40.

[111] 万俊人. 现代性的多元镜鉴 [J]. 中国社会科学，2022（7）：4-20，204.

[112] 王海漪. 网络大病救助应纳入多层次医保体系 [J]. 中国医疗保险，2021（12）：33-37.

[113] 王列军. 我国民生支出的规模、特征及变化趋势 [J]. 管理世界，2023，39（3）：62-69.

[114] 魏后凯. 中国地区经济增长及其收敛性 [J]. 中国工业经济，1997（3）：31-37.

[115] 魏后凯. 从全面小康迈向共同富裕的战略选择 [J]. 经济社会体制比较，2020（6）：18-25.

[116] 吴忠民. 中国式现代化的关键：超越"资本至上陷阱"和"福利过度陷阱" [J]. 探索与争鸣，2022（3）：29-45，177.

[117] 习近平. 推动我国生态文明建设迈上新台阶 [J]. 求是，2019（3）：4-19.

[118] 习近平. 深入理解新发展理念 [J]. 求是，2019（10）：4-16.

[119] 习近平. 在第十三届全国人民代表大会第一次会议上的讲话 [J]. 求是，2020（10）：4-11.

[120] 习近平. 构建起强大的公共卫生体系为维护人民健康提供有力保障 [J]. 求是，2020（18）：4-11.

[121] 习近平. 把握新发展阶段，贯彻新发展理念，构建新发展格局 [J]. 求是，2021（9）：4-18.

[122] 习近平. 扎实推动共同富裕 [J]. 求是，2021（20）：4-8.

[123] 习近平. 以史为鉴、开创未来 埋头苦干、勇毅前行 [J]. 求是，2022（1）：4-15.

[124] 习近平. 坚持把解决好"三农"问题作为全党工作重中之重 举全党全社会之力推动乡村振兴 [J]. 求是，2022（7）：4-17.

[125] 习近平. 正确认识和把握我国发展重大理论和实践问题 [J]. 求是，2022（10）：4-9.

[126] 习近平. 更好把握和运用党的百年奋斗历史经验 [J]. 求是，2022（13）：4-19.

[127] 习近平. 全党必须完整、准确、全面贯彻新发展理念 [J]. 求是，2022（16）：4-9.

[128] 习近平. 新发展阶段贯彻新发展理念必然要求构建新发展格局 [J]. 求是，2022（17）：4-17.

[129] 习近平. 在二十届中央政治局常委同中外记者见面时的讲话 [J]. 求是，2022（22）：4-7.

[130] 习近平. 为实现党的二十大确定的目标任务而团结奋斗 [J]. 求是，2023（1）：4-14.

[131] 习近平. 在二十届中央政治局第一次集体学习时的讲话 [J]. 求是，2023（2）：4-9.

[132] 肖政军，杨凤城. 论"中国式现代化"话语体系的历史生成、现实构建

与未来展望 [J]. 中国矿业大学学报（社会科学版），2022，24（6）：1-16.

[133] 谢琼. 中国网络慈善的创新价值与未来发展 [J]. 社会保障评论，2022，6（3）：135-147.

[134] 阎书钦.20 世纪 30 年代中国知识界"现代化"理念的形成及内涵流变 [J]. 河北学刊，2005，25（1）：187-193.

[135] 杨立雄. 低收入群体共同富裕问题研究 [J]. 社会保障评论，2021，5（4）：70-86.

[136] 杨宜勇，王明姬. 共同富裕：演进历程、阶段目标与评价体系 [J]. 江海学刊，2021（5）：84-89.

[137] 于良春，余东华. 中国地区性行政垄断程度的测度研究 [J]. 经济研究，2009，44（2）：119-131.

[138] 郁建兴，任杰. 共同富裕的理论内涵与政策议程 [J]. 政治学研究，2021（3）：13-25，159-160.

[139] 郁建兴，刘涛. 超越发展型国家与福利国家的共同富裕治理体系 [J]. 政治学研究，2022（5）：3-12，151.

[140] 岳希明，张斌，徐静. 中国税制的收入分配效应测度 [J]. 中国社会科学，2014（6）：96-117，208.

[141] 翟振武，陈佳鞠，李龙.2015—2100 年中国人口与老龄化变动趋势 [J]. 人口研究，2017，41（4）：60-71.

[142] 张青卫. 唯物史观视野中的技术批判 [J]. 马克思主义研究，2012（2）：117-123.

[143] 张星，翟绍果. 我国公共卫生治理的发展变迁、现实约束与优化路径 [J]. 宁夏社会科学，2021（1）：146-153.

[144] 张占斌，王学凯. 中国式现代化：特征、优势、难点及对策 [J]. 新疆师范大学学报（哲学社会科学版），2022，43（6）：27-36.

[145] 郑功成. 中国社会救助制度的合理定位与改革取向 [J]. 国家行政学院学

报，2015（4）：17-22.
- [146] 郑功成. 中国儿童福利事业发展初论 [J]. 中国民政，2019（11）：51-53.
- [147] 郑功成. 共同富裕与社会保障的逻辑关系及福利中国建设实践 [J]. 社会保障评论，2022，6（1）：3-22.
- [148] 中共人力资源和社会保障部党组. 坚持就业优先推动实现更加充分更高质量就业 [J]. 求是，2022（12）：49-53.
- [149] 中国式现代化研究课题组. 中国式现代化的理论认识、经济前景与战略任务 [J]. 经济研究，2022，57（8）：26-39.
- [150] 朱国忠，乔坤元，虞吉海. 中国各省经济增长是否收敛？[J]. 经济学（季刊），2014，13（3）：1171-1194.
- [151] 张静，徐海龙，王宏伟. 知识溢出与中国区域经济增长收敛研究 [J]. 宏观经济研究，2020（4）：71-84，175.

后 记

这是我的第三本学术专著，虽然篇幅不大，但却是一个重要的标志；因为作为一名长期专注于社会保障领域研究的中青年学者，虽然我对国家发展的宏观背景和重大理论问题一直保持着关注和研究的兴趣，但系统思考并以著作的方式呈现出来却的确经历了一个磨砺的过程。

中国式现代化与全体人民共同富裕是一个极其宏大而又极富时代意义的重大理论与政策问题。面对这样的宏大议题，从接到任务时的满口答应到谋篇布局时的绞尽脑汁，再到深入思考两者理论关系过程中的迷茫与觉醒，的确是对自己一次很好的锻炼与提升。因此，我要诚挚感谢中国人民大学习近平新时代中国特色社会主义思想研究院的信任，将这样的重要任务交给我，感谢秦宣教授、陶文昭教授对书稿结构提出的宝贵意见，感谢侯新立副院长及研究院其他工作人员对研究和出版事宜的鼎力协助。还要特别感谢郑功成教授一直以来鼓励我着眼宏观，关注基于中国本土实践的基础理论，本书应当算是一次初步的尝试。

这本书稿一部分是在北京完成的，一部分是在拉萨完成的，因为撰稿期间我正作为中组部第十批援藏干部在西藏大学经济与管理学院挂职锻炼。在这种时空交错中，我对本书的议题也有了更加深刻的体会和认知。区域之间的协调发展是共同富裕的题中应有之义，西藏作为我国民族团结、边境安全以及生态保护的重要地区，其经济社会的发展和共同富裕的推进，既需要中央的统筹规划和内地发达省份的支援帮扶，也需要找到符合西藏特点的内生性发展路径，两者缺一不可，相得益彰。因此，我也要感谢这份难得的经历，让我可以更加切身地体会到共同富裕事业之伟大和不易。

最后，要感谢中国人民大学李雨窈同学、白雅雯同学在文字校对和注释格式调整方面，武明灿同学在数据收集方面付出的辛勤劳动，感谢家人的全力支持和理解。

我坚信，我们一定能够建成一个让全体人民共同富裕的社会主义现代化强国！

2023 年 3 月 12 日深夜于西藏大学纳金校区

图书在版编目（CIP）数据

全体人民共同富裕的中国式现代化 / 鲁全著. -- 北京：中国人民大学出版社，2024.1
（中国式现代化的鲜明特色研究系列 / 张东刚，林尚立总主编）
ISBN 978-7-300-31875-2

Ⅰ.①全… Ⅱ.①鲁… Ⅲ.①共同富裕—研究—中国 ②现代化建设—研究—中国 Ⅳ.① F124.7 ② D61

中国国家版本馆 CIP 数据核字（2023）第 124370 号

中国式现代化的鲜明特色研究系列
总主编 张东刚 林尚立
全体人民共同富裕的中国式现代化
鲁全 著
Quanti Renmin Gongtong Fuyu de Zhongguoshi Xiandaihua

出版发行	中国人民大学出版社		
社　　址	北京中关村大街 31 号	邮政编码	100080
电　　话	010-62511242（总编室）	010-62511770（质管部）	
	010-82501766（邮购部）	010-62514148（门市部）	
	010-62515195（发行公司）	010-62515275（盗版举报）	
网　　址	http://www.crup.com.cn		
经　　销	新华书店		
印　　刷	唐山玺诚印务有限公司		
开　　本	890 mm × 1240 mm　1/32	版　　次	2024 年 1 月第 1 版
印　　张	8.5 插页 2	印　　次	2025 年 10 月第 6 次印刷
字　　数	153 000	定　　价	38.00 元

版权所有　侵权必究　　印装差错　负责调换